EDITORA DO CONHECIMENTO

Auxiliando a humanidade a encontrar a Verdade

Luzes da Teosofia

Luzes da Teosofia - Vol. 2

Autores diversos

CONHECIMENTO EDITORIAL LTDA.
Rua Prof. Paulo Chaves, 276 – Vila Teixeira Marques
CEP 13480-970 — Limeira — SP
Fone/Fax: 19 3451-5440
www.edconhecimento.com.br
vendas@edconhecimento.com.br

Tradutores e colaboradores:

• Ana Maria Coelho de Sousa
• Carlos Guerra • Edilson Almeida Pedrosa
• Fábio Johas • José Antonio Alves
• Maria Isabel Nobre Santos • Manuel Cavaco
• Mariléa de Castro • Raul Branco

Projeto gráfico: Sérgio Carvalho
Ilustração da capa: Banco de imagens

ISBN 978-85-7618-436-2
1ª Edição – 2018

• Impresso no Brasil • Presita en Brazilo
Produzido no departamento gráfico da
Conhecimento Editorial Ltda
grafica@edconhecimento.com.br

Dados Internacionais de Catalogação na Publicação (CIP)
Angélica Ilacqua CRB-8/7057

Luzes da Teosofia - Vol. 2 / Organizado por Edilson Almeida Pedrosa — Limeira, SP : Editora do Conhecimento, 2018.
174 p. (Teosofia: A força da Verdade)

Diversos autores
ISBN 978-85-7618-436-2

1. Teosofia 2.Ciências ocultas 3. Espiritualidade 4. Filosofia I. Pedrosa, Edilsopn Almeida

18-0689 CDD – 130

Índices para catálogo sistemático:
1. Ciências ocultas : Esoterismo

Autores diversos

Luzes da Teosofia

Volume 2

1ª edição
2018

EDITORA DO CONHECIMENTO

Não deixes o sol causticante secar uma só lágrima de dor, antes de a haveres tu mesmo enxugado nos olhos de quem sofre.
Porém, que cada ardente lágrima humana goteje em teu coração e ali permaneça; nem tampouco a enxugues, enquanto não for retirada a dor que a causou.
Estas lágrimas, ó tu de coração tão compassivo, são as torrentes que regam os campos da caridade imortal.
É neste solo que cresce a flor da meia-noite ...
É a semente da libertação dos renascimentos.

A Voz do Silêncio
Helena Petrovna Blavatsky

Sumário

Prefácio

> Um livro aberto é um cérebro que fala; fechado, um amigo que espera; esquecido, uma alma que perdoa; destruído, um coração que chora. – Tagore

A teosofia é o acervo de conhecimentos das causas da existência de tudo no universo retido por um grupo de seres extraordinários chamados adeptos, cujas mentes estão em perfeita sintonia com a Mente Universal. Além da busca incessante pelo conhecimento e sabedoria universais, as doutrinas teosóficas firmam-se também nos preceitos do amor, da fraternidade e do não egoísmo. É nesse manancial infinito e eterno da verdade, do amor e da sabedoria universais onde se assentam todas as religiões e encontra-se a essência dos sistemas filosófico-religiosos da antiguidade. A teosofia unifica, explica e harmoniza filosofia, ciência e religião, e o exame apurado da literatura teosófica autêntica deixa transparecer claramente essa concordância fundamental.

O movimento teosófico moderno, fundado por H. P. Blavatsky e Henry Steel Olcott, no último quartel do século XIX, espalhou-se pelo mundo e tem-se tornado cada vez mais conhecido na atualidade. Grande parte do sucesso dessa nova corrente de pensamento deve-se à notável obra escrita deixada por Blavatsky, a qual se coloca como um dos capítulos mais destacados da criatividade humana. Percebe-se naquele magnífico edifício literário uma espantosa demonstração de talento, erudição, inspiração, visão profética, profundidade espiritual, constituindo-se um fenômeno inexplicável que ainda choca e surpreende a mente da maioria das pessoas que entram em contato com ele. A grandiosa obra de Blavatsky compõe-se não apenas dos muitos e importantíssimos livros que publicou, mas também de numerosos artigos editados por vários periódicos e que formam, em seu conjunto, um acervo monumental. Boris de Zirkoff, sobrinho de Blavatsky, colecionou notas, diários, artigos, cartas, bem como todos os seus livros publicados, perfazendo uma coleção, em 14 volumes, que foi denominada The Blavatsky Collected Writings e totaliza mais de 8000 páginas.

Além de todo esse rico material provindo da fundadora, que contém ensinamentos valiosos, com suas instruções particulares, inclusive as que ela transmitiu depois de 1888 aos membros da Seção Esotérica da Sociedade Teosófica, os atuais teósofos dispõem de uma quantidade volumosa de livros, pesquisas e artigos elaborados por teósofos notáveis de grande erudição e espiritualidade, sendo alguns deles companheiros de primeira hora dos fundadores da Sociedade Teosófica e outros que se destacaram em fases subsequentes de desenvolvimento e expansão da teosofia pelo mundo, inclusive na atualidade. Só para lembrar alguns nomes, podemos citar, dentre dezenas de outros igualmente importantes: A. P. Sinnett, William Q. Judge, H. S. Olcott, Annie Besant, T. Subba Rao, C. W. Leadbeater, G. R. S. Mead, Gerald Massey, Franz Hartmann, Ernest Wood, C. Jinarajadasa, Arthur A .Powell, N. Sri Ram, Geoffrey Hodson, Gottefried de Purucker, Boris de Zirkoff, Clara M.Codd, P. G. B. Bowen, Geoffrey Farthing, N. Bhashyacharya, R. B. Holt, Parabolanus, Frederick Hockley, Geo. C. Williams, Ianthe Hoskins, A. L. Pogosky, Bhagavan Das.

Após quase 150 anos da fundação da Sociedade Teosófica, ocorrida em 1875, a tremenda produção literária dos teósofos e pesquisadores vinculados, discípulos ou não dos mestres de sabedoria, especialmente os milhares de artigos produzidos, encontram-se à disposição dos estudantes de filosofia esotérica na forma de livros e outras publicações ou até mesmo na internet. Porém, quase tudo se encontra redigido em línguas estrangeiras, especialmente a inglesa, o que dificulta enormemente os pesquisadores e buscadores da vida espiritual de língua portuguesa com desconhecimento de outros idiomas.

Há, por conseguinte, grande demanda a ser suprida por mais publicações na nossa língua que exponham integralmente o pensamento dominante e as tendências atuais que derivam dos ensinamentos valiosos da Sabedoria Antiga. A **EDITORA DO CONHECIMENTO** espera agora que esse anseio possa ser satisfeito com a publicação da presente série de volumes do selo 'Luzes da Teosofia'. A profícua produção literária sob a forma de artigos produzidos por Blavatsky e os mais destacados teósofos do passado e da atualidade serão disponibilizados, a cada mês, sob o formato de livros numa série sem prazo determinado para terminar. A Editora espera que essa antologia do conhecimento divino, exposta magistralmente por qualificados pesquisadores da verdade eterna, possa se constituir num roteiro seguro de acesso ao conhecimento esotérico.

Os teósofos caracterizam-se especialmente por serem livres pensadores. Desde a sua fundação, a Sociedade Teosófica, apesar de ter o seu corpo doutrinário, nunca impôs aos seus membros renúncia às crenças particulares e aos ensinamentos e dogmas de suas religiões, a única exigência é com a prática da fraternidade e o respeito mútuo. De sorte que não se deve esperar nos textos apresentados nesta série ora lançada inteira coerência e concordância uns com os outros, pois cada autor teosófico tem o direito de expressar livremente o pensamento de qualquer escola a que esteja vinculado, mas jamais o de menosprezar opiniões opostas à sua ou de forçar qualquer pessoa a aceitar os seus pontos de vista.

Teosofia e a Sociedade Teosófica[1]

GEOFFREY HODSON

Sede Internacional da Sociedade Teosófica – Adyar – Índia

A palavra Teosofia, derivada de duas palavras gregas significando Sabedoria Divina, foi criada pelos neoplatônicos no 2° século da era cristã para designar as verdades reveladas ao homem por seus Mais Velhos na evolução, ao despertar a vida humana neste planeta, e transmitidas, conferidas e reconferidas até os dias de hoje por uma sucessão ininterrupta de investigadores ocultos, de Adeptos[2]. Os frutos desse pro-

[1] Texto copiado *ipsis litteris* de capítulo de mesmo nome do livro ***Através do Portal da Morte***, de Geoffrey Hodson, pp. 88 a 98 – Editora Teosófica, 2013, Brasília (DF).

[2] Adepto. Um Iniciado do 5° Grau; um Mestre na Ciência da Filosofia Esotérica; um Homem perfeito; um Ser sublime que atingiu o mestrado da natureza humana e possui conhecimento e poder proporcionais à sua elevada estatura evolutiva. Esta realização do destino humano foi assim descrita por S. Paulo: "Até que todos

cesso dual foram preservados pelos ainda vivos Hierofantes e Iniciados dos Mistérios Maiores e transmitidos exclusivamente a neófitos juramentados. Em seu aspecto doutrinário, estes Mistérios consistem de um vasto corpo de ensinamentos que abrangem todos os assuntos concebíveis para os quais possa se voltar a mente do homem.

Os princípios fundamentais de religião, filosofia, arte, ciência e política estão todos contidos nesta Sabedoria das Idades, desde o tempo do fechamento das Escolas Platônica e Gnóstica até o último quarto do século XIX, salvo para os poucos alquimistas, cabalistas, rosacrucianos, maçons conhecedores do Ocultismo e místicos cristãos, a Teosofia era desconhecida no mundo Ocidental. Antes, porém, era conhecida e estudada, sob várias formas, pelos platônicos, pitagóricos, egípcios e caldeus, enquanto que na Índia e China foi preservada através das idades em continuidade ininterrupta. É a sabedoria dos *Upanishades* e dos *Vedas*, o próprio âmago do Hinduísmo, Taoísmo e Islamismo. Por meio de alegorias e símbolos ela é revelada nas Escrituras Cristãs, cuja leitura não interpretada iludiu os cristãos quanto ao seu significado mais profundo.

A Sociedade Teosófica, fundada em Nova Iorque, em 1875, uma reencarnação de inúmeros movimentos semelhantes no passado, é um dos muitos canais escolhidos de tempos em tempos pelos Instrutores da Raça para a transmissão dessa Sabedoria Antiga para o homem. Aos teosofistas é oferecida a oportunidade de estudar, viver e apresentar as verdades multisseculares ao mundo em termos de pensamento moderno. Embora as apresentações possam variar, a Teosofia, ela mesma, sendo totalmente verdadeira, é imutável e eterna.

O estudo comparado das religiões revela a existência de certas doutrinas comuns a todas as crenças mundiais. Embora cada uma seja apresentada de maneira diferente, quando reunidos e fundidas num conjunto, esses ensinamentos cons-

---

cheguemos à unidade da fé e do pleno conhecimento do Filho de Deus, à perfeita varonilidade, à medida da estatura da plenitude de Cristo (Efésios, IV. 13). Certos Adeptos permanecem na Terra para ajudar a humanidade e são mencionados por S. Paulo como "espírito dos justos aperfeiçoados". (Hebreus, XII. 23). O Senhor Cristo do mesmo modo descreveu o destino do homem em Suas palavras: "Portanto, sede vós perfeitos como perfeito é vosso Pai celeste. (Mar. V. 48).

tituem um corpo básico da Verdade revelada, que pode ser estudado independentemente de todos os sistemas religiosos. Cada religião mundial revela um arco de círculo da Sabedoria Eterna. A Teosofia, embora ainda só parcialmente revelada ao homem, é o círculo completo da Verdade. Através das idades, sob a direção Daqueles que são os Guardiães do conhecimento e de sua força acompanhante, os aspectos da Sabedoria Eterna são revelados ao homem por intermédio das religiões e das filosofias.

O grande valor prático da Teosofia consiste em sua revelação do significado e propósito da existência humana, que sem isso seria um quebra-cabeça desafiando solução. Um quebra-cabeça pode ser resolvido por dois métodos. Um é por tentativas, experimentando as muitas peças na esperança de que acabarão por se ajustarem corretamente. Este é um método lento e insatisfatório, principalmente quando se faz a tentativa de resolver os problemas da vida. O outro método, muito mais satisfatório, é baseado no pré-conhecimento da posição das várias peças no desenho completo. A Teosofia fornece este conhecimento, revela o lugar de cada peça no plano evolutivo de todos os indivíduos e de todos os acontecimentos.

A vida parece um tanto com uma peça de tapeçaria. Do avesso pouco se pode ver, salvo um incompreensível emaranhado, nós, cores mal misturadas e uma confusão geral. O exame do lado correto, entretanto, revela o conjunto, mostra que a confusão é apenas aparente, pois toda a justaposição é essencial no acabamento do desenho. Assim também é a aparente confusão nas vidas dos indivíduos e das nações. A Teosofia revela o plano da vida, daí trazer serenidade mental àqueles que a estudam, tornando-lhes a vida inteligente e significativa.

É bom que o estudante de Teosofia reconheça que a mente humana, sendo finita não pode compreender por completo a Verdade abstrata que é infinita. À medida que o intelecto humano se desenvolve, cresce o poder de compreensão do homem. A Verdade parece mudar, como acontece à forma de uma montanha quando aos poucos é aproximada e olhada de diferentes pontos de vista. A própria montanha é entretanto relativamente imutável; assim também é a Verdade eterna. Sendo a Teosofia a Verdade total, não é possível uma afirmativa teosófica final. Nenhum instrutor teosófico pode legitimamente fazer pronunciamentos como autoridade. Portanto, na Sociedade Teosófica, a opinião é livre, salvo, talvez, no concernente à fraternidade dos homens, que tende a ser encarada como um fato a ser reconhecido na Natureza e não como um dogma obrigatório. Com esta exceção nenhuma expressão teosófica é imposta a outrem e nenhuma afirmativa é encarada como representando a Verdade final. A Sociedade Teosófica é oficialmente descrita como sendo composta de estudantes, pertencentes a qualquer religião no mundo ou a nenhuma, unidos por sua aprovação dos Objetivos da Sociedade, pelo seu desejo de remover antagonismos religiosos e reunir homens de boa vontade, quaisquer que sejam suas opiniões religiosas, e pelo desejo de estudar verdades religiosas e partilhar os resultados de seus estudos com outros. Seu laço de união não é a profissão de uma crença comum, mas de uma procura e aspiração da Verdade que lhes é comum. Eles afirmam que a Verdade deve ser procurada pelo estudo, pela reflexão, pela pureza de vida, pela devoção aos ideais elevados, e encaram a Verdade como um prêmio que se almeja e não como um dogma a ser imposto pela autoridade. Eles consideram que a crença deve resultar do estudo ou da intuição individual, e não seu antecedente, e deve repousar em conhecimento, não em afirmativa. Eles estendem a tolerância a todos, mesmos aos intolerantes, não como um privilégio concedido, mas como um dever que cumprem, e procuram remover a ignorância e não puni-la. Veem todas as religiões como uma expressão da Sabedoria Divina e preferem seu estudo à sua condenação e sua prática ao seu proselitismo. Paz é sua senha, como a Verdade é seu objetivo.

> A Teosofia é o corpo de verdades que forma a base de todas as religiões, e que não pode ser tido como posse exclusiva de alguém. A Teosofia oferece uma filosofia que torna a vida inteligível e que demonstra a justiça e o amor que guia sua evolução. Ela põe a morte em

> seu lugar apropriado como um incidente que se repete numa vida sem fim, abrindo o portão para uma existência mais completa e mais radiante. Ela restitui para o mundo a Ciência do Espírito, ensinando ao homem a reconhecer o Espírito como ele próprio e a mente e o corpo como seus servos. Ela ilumina as escrituras e as doutrinas das religiões pela revelação de seus significados ocultos e assim justificando-as ante a inteligência, como sempre o fez ante a visão da intuição.

Em 23 de dezembro de 1924, o Conselho Geral da Sociedade Teosófica aprovou a seguinte resolução afirmando a liberdade de pensamento dentro da Sociedade:

> Uma vez que a Sociedade Teosófica se espalhou por todo o mundo civilizado e tem em seus quadros membros de todas as religiões, os quais não renunciaram aos dogmas peculiares e ensinamentos de suas respectivas crenças, conclui-se ser desejável acentuar-se o fato de que não há nenhuma doutrina ou opinião, ensinada ou sustentada por quem quer que seja, à qual, por qualquer forma, fique o membro da Sociedade Teosófica obrigado a seguir, e nenhuma que o membro não tenha a liberdade de aceitar ou recusar.
>
> A aceitação dos três objetivos é a única condição para tornar-se membro da Sociedade.
>
> Nenhum instrutor ou escritor, seja H. P. Blavatsky, ou de menor hierarquia, tem qualquer autoridade para impor seus ensinamentos ou opiniões aos membros.
>
> Cada membro tem igual direito de aceitar qualquer escola de pensamento de sua preferência, mas não tem o direito de forçar a sua escolha a qualquer outro membro.
>
> A nenhum membro pode ser negado o direito de votar e o de ser candidato aos cargos oficiais, por causa das opiniões que mantenha ou da escola de pensamento a que pertença, pois as opiniões ou crenças não conferem privilégios nem acarretam penalidades.
>
> Os membros do Conselho Geral rogam encarecida-

> mente a todos os membros da Sociedade Teosófica que sustentem, defendam e atuem de acordo com estes princípios fundamentais da Sociedade, e também exerçam valorosamente seu direito de pensamento e exposição do mesmo, dentro dos limites da consideração e cortesia com os demais.[3]

Apesar desta completa ausência de dogmatismo, que deve ser a característica de todas as exposições de Teosofia, existe um corpo geral de ensinamentos, uma síntese das doutrinas comuns das filosofias e religiões mundiais, antigas e modernas, que na prática são geralmente aceitas enquanto se mostrarem verdadeiras. À parte do desenvolvimento e uso dos poderes supersensoriais como um meio de pesquisa, este constitui um teste que cada estudante pode aplicar a todos os ensinamentos teosóficos: parecem ser verdadeiros? Se é possível uma resposta afirmativa, eles podem ser aceitos como hipótese de trabalho até que um conhecimento mais completo aceite o ou rejeite-os. Se uma afirmativa não parecer verdadeira, três são os caminhos abertos ao estudante: rejeitar, ignorar ou responder o julgamento até que, por um autotreinamento, ele desenvolva a capacidade de descobrir os fatos por si mesmo. O último destes três caminhos parece ser o mais desejável. Assim, a atitude da mente sob a qual a Teosofia deve ser estudada é a do cientista - a aceitação de uma teoria bem fundamentada como hipótese de trabalho até que seja aceita, rejeitada ou suspensa.

Os escritos da Sra. H. P. Blavatsky constituem a primeira fonte da informação teosófica na literatura moderna. Embora julgada como charlatã por aqueles que não investigaram sua vida nem compreenderam seu trabalho literário, essa eminente senhora é reverenciada por dezenas de milhares de estudantes de Teosofia como a portadora da luz para o mundo moderno. Eles acreditam que ela tenha sido escolhida para essa missão pelos Sábios[4] que foram os Guardiães e Reveladores da Teosofia ao homem através das idades. Esses Adeptos usaram a Sra. Blavatsky como uma escrivã e, com seu auxílio, deram a Teosofia ao mundo de nosso tempo. Dois métodos

[3] Transcrito de *O Teosofista*.

[4] Ver *The Master* (O Mestre), A. Besant.

principais foram empregados. Um consistiu-se de plena consciência clarividente e telepatia mental em que fora treinada por eles. O outro método foi o da precipitação oculta de cartas escritas por Eles ou de discípulos sob Sua direção.

Pelo primeiro método, a Sra. Blavatsky produziu seus dois grandes trabalhos, *Ísis Sem Véu* e *A Doutrina Secreta* - cada trabalho uma fonte quase inesgotável de sabedoria e conhecimento esotéricos. Pelo segundo método, o Sr. A. P. Sinnet, na época (1880) editor do conceituado jornal da Índia, *The Pioneer,* obteve material para seus livros: O *Mundo Oculto* [Ed. Teosófica - N.E.], *Esoteric Buddhism* (Budismo Esotérico) e *The Growth of the Soul* (Progresso da Alma). Estes autores foram seguidos por muitos outros, notavelmente a Dra. Annie Besant e o Bispo C. W Leadbeater; ambos receberam dos Sábios, em aditamento às instruções diretas, treinamento para desenvolver poderes ocultos como um meio de pesquisa. É imensa sua subsequente contribuição ao conhecimento humano.

O dr. G. S. Arundale e o sr. C. Jinarajadasa, antigo Presidente, e o sr. N. Sri Ram, o quinto Presidente da Sociedade Teosófica[5], todos altamente respeitados dirigentes teosóficos, instrutores e escritores, trouxeram sua própria e valiosa contribuição. O Sr. Jinarajadasa coletou e publicou muitas das cartas dos Sábios ao sr. Sinnett e outros, em três volumes intitulados *Cartas dos Mestres de Sabedoria*[6] e *lhe K H. Letters to* C. *W Leadbeater (Cartas de K H. a* C. *W Leadbeater).* O leitor interessado pode encontrar nessas fontes a base para a maioria das afirmativas feitas neste livro.

[5] Todos já falecidos. (N. E.)
[6] Editora Teosófica, Brasília, 2010. (N. E.)

Defesa da teosofia[1]

B. P. WADIA[2]

Traduzido por Fábio Johas

Uma das causas que levaram à interrupção das forças engajadas por H.P.B. em seu corpo político na teosofia foi o fracasso daqueles que a cercavam em apoiar o movimento contra a crítica de um mundo opositor. Outro aspecto da mesma natureza foi responsável pela desintegração que se seguiu à morte do sr. W. Q. Judge.

O poder da fé que está em nós pode ser medido verdadeiramente pela força com a qual a defendemos dos ataques. O que a nossa fé realmente significa para nós é demonstrado por nosso poder de sacrifício em seu nome. Caminhar junto à nossa deusa da fé quando ela é popular, segui-la enquanto ela trilha na glória como uma aclamada heroína e orgulhar-se de seu nome e fama não são provas de que somos seus devotos verdadeiros. Quando ela é difamada e desprezada, quando todos os homens lançam-lhe o escárnio e o desprezo; quando, vestida com trapos, ela passa despercebida ou é abusada, nessas horas o coração encontra seu verdadeiro teste. Defender a qualquer custo o que consideramos ser verdadeiro, e defendê-lo com justiça perante as nossas próprias convicções, mantendo ainda assim simpatia pelas crenças sinceras de outros homens, é uma experiência pela qual toda alma humana

[1] Este artigo, denominado originalmente Defence of Theosophy, faz parte do livro *Living The Life*, editado pela Theosophy Company, em Mumbai, Índia, em 1962.
[2] Bahman Pestonji Wadia (1881-1958) foi um dos fundadores da United Lodge of Theosophists (Loja Unida de Teosofistas).

precisa passar.

A capacidade de ser honesto com nós mesmos é o resultado de um processo pelo qual mostramos a nossa fidelidade ao que consideramos ser verdade, seja pelo poder do pensamento e da razão ou pela força do instinto e sentimento. Mesmo através do vício do fanatismo, a alma imortal do homem adquire a virtude da fidelidade à verdade. O processo é lento e doloroso, assim como são todos os processos da natureza. Ser agressivamente fiel ao que nos parece correto é o início de uma ascensão lenta e exaustiva para a altitude serena, indomável e conquistadora, onde se permanece inabalável na defesa da verdade percebida, desprovido de agressividade, inimizade ou ódio; movido pelo espírito de ajuda àqueles contrários, a cuja crítica adversa se oferece tal defesa; permeado pela devoção e energizado pelo conhecimento.

H. P. B. foi uma defensora exemplar da fé. Era seu invariável hábito defender a teosofia contra todas as adversidades, mesmo ao custo de estimadas amizades. Ela sacrificava tudo quando sua deusa fé era atacada e nunca hesitou por um instante. Não satisfeita com o seu exemplo esplêndido, ela ensinou a necessidade de tal ação como um exercício espiritual; e quando os seus alunos e pupilos se mostravam tíbios nessa defesa, seu fogo e zelo, em si mesmos uma lição salutar, ela os instava a cumprir o seu dever.

Como outras características pertinentes à vivência e ao ensino de H.P.B., essa atitude é encontrada nas vidas e trabalhos de todos os verdadeiros instrutores da sabedoria. É encontrada nos ensinamentos e atividades do sr. Judge. Damodar K. Mavalankar ganhou a sua graça, entre outras coisas, por uma entrega similar. As lições provenientes da observação e do estudo dessa característica são valiosas para os aspirantes de hoje.

O novo entusiasta da teosofia atravessa a oitava do fanatismo: do insulto agressivo à arrogância passiva de uma pessoa "superior". Assim como o embrião passa por todas as fases de sua longa evolução de milhões de anos no curto período pré-natal, o embrião teosófico corre na gama de suas próprias experiências psicológicas, quando nesta encarnação ele aborda o enredo do seu próprio crescimento interno e o atendimento externo de outras almas. Uma dessas experiências está relacionada com a defesa de sua própria fé, a qual pode ser mera crença ou a percepção direta do conhecimento adquirido, que traz sua convicção natural própria. Poucos de nós conseguem deixar de ser fanáticos teosóficos pela simples razão de que fomos no passado fanáticos antiteosóficos e depois não-teosóficos. A duração de tal fanatismo depende da força gasta daquele fanatismo pré-natal e dos nossos próprios esforços, aqui e agora, para encarnar em nós mesmos o poder vivo da teosofia. Nesse segundo aspecto, está envolvida a importante prática de autocorreção.

Qual é a melhor maneira de evitar ataques à teosofia, aos seus mestres e estudantes, ao seu movimento e à sua atividade? Ataques são o resultado da ignorância; quando não são diretamente enraizados no preconceito abjeto, eles são o resultado do medo e do ódio de pessoas cujos interesses pessoais a teosofia ameaça ou expõe. Como todos os interesses pessoais prosperam na ignorância de homens e mulheres bem-intencionados, estamos na verdade face a face com um inimigo poderoso – a ignorância, um inimigo contra o qual devemos ter uma arma de defesa.

Há dois métodos principais que podem ser empregados. H.P.B., o sr. Judge e outros seguidores genuínos da sabedoria usaram ambos. O primeiro consiste em um contra-ataque aos ataques ofensivos e agressivos cavando buracos em seus métodos e movimentos, mostrando aos seus admiradores quão defeituosos e falsos eles são. Ao mesmo tempo e nesse mesmo processo mostra-se o que é verdadeiro e genuíno, o que capta rapidamente admiradores, e como o que é o verdadeiro é tido como inadequado, e o genuíno mal interpretado. Esse procedimento, no entanto, requer um profundo conhecimento daqueles métodos e movimentos e a capacidade de utilizar habilmente armas de ataque. Uma ofensiva exige uma maior preparação, pois inclui esquemas de autodefesa em caso de derrota e planos para conferir ordem e boa governança em terras inimigas quando a vitória for conquistada. O segundo método é não expor os caprichos, inconsistências, ficções e falsidades do ofensor contra a teosofia, mas desvendar a utilidade, a consistência, a beleza e a verdade de nossa própria filosofia e posição. Uma imagem assim irradiará sua própria influência benigna e operará sua própria magia na multidão que é vítima da ignorância e dos interesses próprios.

Os mestres da sabedoria lutam contra a ignorância século após século através do processo único em que esses dois métodos se harmonizam plenamente.

Em nossas primeiras lutas no plano da teosofia, muitas vezes sofremos de um entusiasmo desequilibrado e tendemos a nos lançar na maré torrencial do primeiro método. Ao copiar seu nobre exemplo de atacar ciência ou teologia, espiritualismo ou neoteosofia, esquecemo-nos de que não possuímos o conhecimento de HPB, não só o conhecimento positivo dos fatos, mas também o insight a respeito do que é falso ou fictício e seu porquê. É prudente, portanto, aprender a utilizar primeiro os dois métodos mencionados acima. Nada pode defender a teosofia tão bem como a própria teosofia. Deixe-a falar por si mesma – através de nós. Espalhemos as boas novas da teosofia e apresentemos a todos com os quais entramos em contato a força, a beleza e a verdade abrangente da teosofia. Segundo esse método, alguns são obrigados a mudar as suas escalas de ignorância e preconceito. Quando, por meio de repetidos esforços, nosso próprio conhecimento crescer e nossa visão se revelar, estaremos preparados para manejar as armas do primeiro método.

É um ofício prático difundir os ensinamentos da teosofia de forma ampla e abrangente, a fim de que o poder da sabedoria haja em sua própria defesa.

Primeiro, compreenda que a defesa da teosofia e o esforço ativo para difundir a sua mensagem andam de mãos dadas. Assimilando os ensinamentos, devemos nos tornar irradiadores do poder da teosofia. Isso alcançado, permanece o compromisso de ajudar os outros a reajustar os seus conteúdos mentais. É errado supor que é a ausência de conhecimento que produz atitudes ou expressões antiteosóficas; muitas vezes é a existência de ideias erradas, falsos pensamentos ou raciocínios incorretos. Nossa tarefa seria comparativamente fácil se tivéssemos apenas filhos ignorantes para tratar; temos que trabalhar com seres humanos cujas mentes já estão energizadas por noções não teosóficas. É muito mais difícil para tais mentes fazer reajustes.

Lembremos que a demonstração vigorosa do sentimento antiteosófico segue uma acumulação, em silêncio e passividade, de visões não teosóficas. Para contrariar essa acreção silenciosa, devemos trabalhar em silêncio para a acumulação do sentimento teosófico. A crença em falsos credos não deve ser confrontada com o forçar a crença nos princípios teosóficos – assim erram muitos dos nossos jovens entusiastas. O conhecimento deve dissolver crenças, e a convicção esclarecida deve perturbar a fé ininteligente. Para obter conhecimento e possuir tal convicção, são necessários o estudo, a reflexão e a audição da doutrina recontada; não só para o nosso próprio avanço pessoal como também na condição de uma instituição que ajuda a reajustar as mentes de outros menos "avançados" que nós. A aquisição de conhecimento através de perseverante estudo não deve ser empreendida em interesse próprio, mas como um dever para com a evolução da própria espécie.

Após estudar as doutrinas está a tarefa de levar aos outros esse estudo. O discernimento deve ser usado na circulação dos livros corretos. Excelentes livros estão disponíveis para investigadores, iniciantes e estudantes avançados. Não vamos errar ao estabelecer regra rígidas na distribuição de tais livros. É parte da sabedoria determinar qual livro específico ajudará uma pessoa em particular. Se averiguarmos qual o impulso que a levou a se aproximar da teosofia, qual a inclinação da sua mente, qual a sua capacidade de pensar e refletir e qual o seu temperamento, poderemos descobrir o livro que mais a atrairá. Há uma linha de menor resistência para ela, bem como uma avenida de resposta.

Pelos nossos próprios estudos, individualmente ou em classes, e vivendo nossas próprias vidas de acordo com os ensinamentos, estamos completando o trabalho positivo de provisionamento para guerra. Pelo segundo passo de divulgar corretamente os verdadeiros ensinamentos da teosofia, já levamos a guerra ao campo adversário da ignorância; toda mente reajustada pelos livros significa uma perda para este adversário. Ataques vigorosos sobre nós são esperados e, então, o nosso sucesso dependerá da nossa autenticidade como estudantes. Os crentes, ou os que aprenderam por hábito, ou não conseguiram assimilar, ou agem como autômatos, e todos os seus semelhantes ficarão desamparados. Aqueles que aprenderam visando a causa do ensino, que o obtiveram e o acumularam a fim de oferecê-lo em serviço amoroso e inteligente – eles representarão a maior glória do Homem.

A LEI DO CARMA, OU O PRINCÍPIO DE CAUSA E EFEITO

Manuel Cavaco[1]

O Princípio de Causa e Efeito

Toda a causa tem seu efeito, todo eeito tem sua causa; tudo acontece de acordo com a lei; o acaso é simplesmente um nome dado a uma lei não reconhecida; há muitos planos de causalidade, porém nada escapa à lei.

O Caibalion de Hermes Trimegisto

[1] Membro da Sociedade Teosófica em Portugal.

Lei do carma, ou da ação, em *A Chave para a Teosofia*, de Helena P. Blavatsky:

> Tudo o que existe está veiculado à ação que, pelas leis anteriores do holismo, analogias, ordenação, harmonia e ritmos, faz progredir o plano divino e relaciona a causa e o efeito, seu reflexo, o superior e o inferior e mantém o espiritual e o temporal num equilíbrio permanente.
>
> O agregado do carma individual se converte no carma da nação a que os indivíduos pertencem, e a soma total de carma nacional é o carma do mundo.
>
> A solidariedade e a mútua dependência da humanidade é a causa do carma distributivo; e essa lei é a que oferece a solução da grande questão do sofrimento coletivo e de seu alívio.
>
> O carma é uma lei de ajuste, que tende sempre a restabelecer o equilíbrio no mundo físico e a perturbada harmonia no mundo moral. O carma não age sempre nesse ou naquele sentido particular, mas, sim, sempre o faz de maneira a restabelecer a harmonia e o equilíbrio da balança, em virtude dos quais existe o universo.

> Como já disse, consideramo-lo como a lei última do universo, a fonte e a origem de todas as demais leis que existem na natureza. Carma é a lei infalível que ajusta o efeito à causa, nos planos físico, mental e espiritual do ser. Como nenhuma causa deixa de produzir seu devido efeito — desde a maior até a menor desde a perturbação cósmica até o movimento de nossas mãos, e, como o semelhante produz o semelhante, carma é aquela lei invisível e

desconhecida que ajusta sábia, inteligente e equitativamente cada efeito a sua causa, fazendo esta remontar até seu produtor. Embora incognoscível sua ação é perceptível. Segundo nossa doutrina, todos esses males sociais, a distinção de classes na sociedade e a dos sexos nos assuntos da vida, a distribuição desigual do capital e do trabalho etc., são devidas ao que chamamos carma.

Agora, pense em um lago. Cai uma pedra na água e produz ondas que perturbam sua tranquilidade. Estas ondas oscilam para frente e para trás, até que, ao fim, graças à operação que os físicos chamam de lei de dissipação da energia, se acalmam e as águas voltam a seu estado de tranquilidade. De maneira idêntica procede toda ação em cada plano. Uma perturbação na harmonia do universo, e as vibrações produzidas deste modo continuarão oscilando para frente e para trás, se sua área é limitada, até que se restabeleça o equilíbrio. Mas, como cada uma destas perturbações parte de um ponto determinado, está claro que somente se pode restabelecer o equilíbrio e a harmonia, voltando a convergir até àquele mesmo ponto todas as forças postas em movimento a partir dele. Esta é a prova de que as consequências dos actos de um homem, assim como as de seus pensamentos, devem reagir todas sobre ele mesmo, com a mesma força com que foram postos em ação.

Quando os resultados desses pensamentos chegam de volta, sentimo-nos vítimas indefesas: estávamos inocentemente vivendo nossa vida - por que todas essas coisas estão acontecendo conosco? O que acontece é que os anéis estão voltando para o centro. Isso é o carma.

Somos nossa própria obra, e apenas temos o que merecemos. Nenhum homem pode receber mais ou menos do que merece. Uma vez que criamos causas que geram efeitos, a lei da retribuição se administra a si própria.

O Universo é regido pela lei do carma, pelo que o homem no seu processo de vida, também é regido por esta lei impessoal das causas e efeitos chamada na filosofia oriental carma, que significa simplesmente ação. Por conseguinte, todos os seres no universo estão interligados, ainda que não possam ver o elo que os liga. Sendo que esta unidade de todas as coisas é verdadeira, real ou natural qualquer pensamento, palavra ou ação, que tenda a criar um sentimento de separação, gera ainda mais carma que, por sua vez, produz falsidade e perpetua a separação.

De acordo com a lei da causa e efeito, toda a ação corresponde a uma reação proporcional. Por conseguinte, tudo o que está a acontecer conosco agora só pode ser resultado de algo que fizemos anteriormente. Se não existe nada nesta vida que justifique as circunstâncias atuais, a conclusão inevitável a que chegamos é a de que a causa foi posta em movimento nalguma época anterior, isto é, nalguma existência humana passada. Os nossos estados de ânimo e características mais fortes não começaram com este nascimento, mas estabeleceram-se na nossa consciência muito antes disso. Isso leva-nos a compreender porque algumas pessoas mostraram, desde o princípio da sua infância, não só certas fraquezas, como também talentos específicos.

Pelo equilíbrio das desigualdades verificamos que a lei das causas e dos efeitos equilibra o resultado das nossas ações. E, se lhe juntarmos a continuidade da consciência fornecida pelo conceito de reencarnação, podemos perceber a razão por que existem óbvias desigualdades e injustiças na vida. Durante o período entre vidas, que demora geralmente algumas centenas de anos, a alma extrai e assimila a essência das suas experiências de vidas passadas, para usá-la nas próximas reencarnações.

Poder que vincula todos os seres à ação, no sentido de realizarem a sua verdadeira identidade (teleologia), é o carma, que significa – ação. Há relações verticais e horizontais. O que for de cima para baixo é poderoso.

A boa ação não anula a má. As causas do carma relacionam-se com as quatro atias ou quatro tempos do deus Átis. As quatro atias são: nomear, criar, formar, gerar. São os quatro elementos da criação: fogo, ar, água e terra. Faz-se a sementeira (terra), seara, ceifa, qualificação dos grãos separando-os da zizânia; eles têm de ser moídos nas mós, a superior, dos ciclos ou ritmos, a inferior, de carma-nêmesis (ar).

Há dois tipos de tempo: o linear, passado e futuro; o circular em que o eterno presente determina o passado e o futuro. É um permanente equilíbrio entre futuro e passado não fixos: se mudar um, tem de mudar o outro. Se intervier no futuro, o plano divino é mais fácil do que intervir no passado. Ambos podem ser mudados mas alterar o futuro para as leis divinas liberta de muita dor.

Os símbolos que nunca entendermos, uma vez esclarecidos, podem nos ajudar a formar a nossa experiência das leis, mais do que se possa dizer. A Verdade também mora em nós, é o ser que habita os sete corpos.

Quando Buddha nasceu do flanco de sua mãe a andar, deu sete passos em direção a cada um dos pontos cardeais, anunciou aos quatro tempos: "Nasci para a iluminação; este é o meu último nascimento no mundo dos fenômenos". Quer melhor exemplo da evolução por repetição de milhares de vidas.

Buddha abriu o nirvana a toda a humanidade. A abertura ao mestre que vive em nós ajuda a purificar as fúrias de carma-nêmesis se criarmos uma condição de alívio.

A gestação da sexta sub-raça ariana e sexta raça-raiz produzirá mudanças comportamentais pelo acesso ao eu Superior. Também geológicas, geográficas, climáticas, estruturais do homem e das espécies.

A polaridade das reencarnações e carma é multiplicadora, coerciva, estruturante. Nunca subestimar o poder de um ritual é uma grande ajuda que Cristo deu à humanidade do Ocidente para a compensar.

Está em curso a gestação da sexta sub-raça ariana que vai levar à sexta raça. Há um novo começo e as leis concedem uma maior facilidade de nos libertarmos das amarras ao passado. carma-nêmesis está ligado às substâncias. Se aproveitar as forças de mudança escolha corpos novos, mais inteligentes, dedicados ao bem. Ao lembrar-se de fatos de vidas anteriores, fica menos mortal.

Na realidade, pode dizer-se que o carma (no segundo sentido do termo) se manifesta sempre que uma ação não é executada na perfeição, o que acontece na maioria dos casos. Logo que a perfeição é atingida o carma cessa, o equilíbrio e a harmonia foram restabelecidos naturalmente. A razão de ser do sofrimento não é fazer-nos mal, mas ensinar-nos onde está o verdadeiro bem e, deste modo, tornar-nos mais fortes, mais inteligentes, mais vivos.

"Então, pôs o servo a sua mão debaixo da coxa de Abraão." Génesis 24:9. As leis espirituais ou mãos ficam subordinadas às coxas, às leis temporais. É uma jura que amarra as duas pessoas ao carma da ação. Ter filhos pelas coxas, ciclos e carma, é uma responsabilidade das duas leis das coxas. Lavar os pés (evolução) à mão, pela sua energia é um modo de libertação dos prazeres sexuais. Se lavar os pés à mão em nome do mestre o sexo acaba. Seguir as pegadas do que vai à frente é sinal de sabedoria. A cultura materialista marginalizou a sabedoria divina.

No que diz respeito ao pagamento de dívidas, a lei de "analogias e correspondências" deve ser levada em consideração. As analogias cármicas são combatidas com as analogias do dharma.

A filosofia oriental ensina que há três tipos de carma. O carma maduro, que estamos colhendo a cada momento nas situações que nos rodeiam, é prarabdha. O carma acumulado, que já plantamos mas ainda não amadureceu e não está pronto para ser colhido, é sanchita. O carma novo, do presente que estamos plantando a cada momento com nossas ações e pensamentos e cujos frutos serão colhidos no futuro, kriyamana.

> Nós, asiáticos semisselvagens, julgamos um homem pelas suas intenções e as suas são todas sinceras e boas. Mas você tem que lembrar que está numa escola muito dura, e tratando agora com um mundo inteiramente diferente do seu. Especialmente, você tem que ter em mente que a mais leve causa produzida, mesmo inconscientemente e com qualquer intenção, não pode ser desfeita, nem é possível interceptar o progresso de seus efeitos – nem com a força combinada de milhões de deuses, demónios e homens.
> Carta nº 21 – escrita por K.H., em *Cartas do Mahatmas para A. P. Sinnett.*

As sete leis eternas que regem o universo de nossas vidas.

Leis eternas regem o universo, orientando o aprendizado

dos filhos de Deus em experiências que os levam à compreensão e à sabedoria de que toda a manifestação e a origem de tudo é o amor. Através dessas leis a consciência contida em um corpo pode paulatinamente se expressar, vivenciando experiências em um determinado espaço, em determinada dimensão ou realidade.

Essas leis eternas organizam a duração das experiências que devem ou têm de ser vividas pela consciência em função daquilo que, no tempo, já foi, é ou será experienciado, a fim de que a consciência obtenha a luz da sabedoria e descubra a luz interior. Elas são aplicadas para tudo o que foi gerado e elas regem o processo de vida.

À medida que a Consciência se harmoniza, perceberá que estas leis se aplicam a tudo que ela [consciência] faz, o que ela pensa, o que ela imagina e, que no seu agora, está inserido também o seu antes e o seu depois. A consciência, ao perceber o universo vibrando como uma unidade, aceitando-o na sua perfeição divina, decodificará as informações que nele vibram.

Correspodência do carma com Nêmesis

> Para o homem mundial carma é uma Nêmesis severa, para o homem espiritual, o carma se desdobra em harmonia com suas aspirações mais elevadas. (William Judge)

Referindo-se ao trabalho do carma, ou carma-nêmesis, como o chamou em *A Doutrina Secreta*, Helena Blavatsky diz que:

> ...o único decreto do carma – um decreto eterno e imutável – é a harmonia absoluta no mundo da matéria bem como no mundo do espírito. Contudo, não é o carma que nos recompensa ou pune, ao agirmos através e com a natureza, obedecendo leis das quais dependem a harmonia, ou – quebrando-as. (DS II, p.368).

HPB também diz neste contexto que enquanto o efeito de haver perturbado "o menor átomo no infinito mundo de harmonia" não tenha sido reajustado, o "fazedor do mal" sofre o que ele pensa ser retribuição. Ele experimenta o que chamamos de dor e luta para fugir dela, e, por ignorar o que acontece, age de tal maneira que cria mais perturbação. A tradição antiga também afirma que, invisível à nossa percepção, existem muitos tipos de seres, dotados de inteligência em medidas variadas, que estão num estado de harmonia inconsciente com a natureza e que espontaneamente fazem o "grande trabalho". Eles alegremente cumprem seu papel na sinfonia cósmica. Assim fazem todas as criaturas subumanas que conhecemos. Somente para os seres humanos surge a indagação de como estar em sintonia com o universo.

Nêmesis é outra figuração possível e comumente aceita, no panteão grego, para o sentido de carma. Ela simboliza o contínuo impulso de reequilíbrio de todas as forças que o homem desorganizou. No mito, ela representava a justiça punitiva dos deuses contra todos aqueles que ultrapassavam, a medida justa de cada um, com o egotismo que é apanágio dos mortais. Todo o excesso, todo o abuso cometido por cada homem, desregula e põe em perigo a ordem e a estabilidade do universo.

Nó infinito na roda de oração do templo de Nepalese. Os símbolos carma como o nó infinito são motivos culturais comuns na Ásia. O nó infinito simboliza a interligação de causa e efeito, um ciclo kármico que continua eternamente. O nó infinito é visível no centro da roda de oração.

A Doutrina Secreta, de Helena Blavatsky diz, que:

> ... se pretendêssemos relacionar carma com Nêmesis, deveríamos fazê-lo em termos do seu triplo carácter, como Nêmesis, Adrasteia e Themis, porque, assim como esta última é a deusa da harmonia e da ordem universal, e que, como Nêmesis, está encarregada de reprimir todo o excesso e manter o homem dentro dos limites da natureza e da justiça sob severas penas, Adrasteia, a 'inevitável', representa Nêmesis como o efeito imutável de causas

criadas pelo próprio homem. Nêmesis é a deusa justa e imparcial, que reserva a sua cólera apenas para aqueles cuja conduta se encontra extraviada pelo orgulho, pelo egoísmo e pela impiedade. Numa palavra: assim como Nêmesis é uma deusa mitológica, exotérica, ou uma potência personificada e antropomorfizada nos seus diversos aspectos, carma é uma verdade altamente filosófica, uma expressão sumamente divina e nobre da intuição primitiva do homem concernente à Divindade.

Destacamos os seguintes extratos adaptados do artigo 'Carma – A Grande Reflexão Cósmica - Uma Visão Psicológica do Carma, de Isabel Governo (Biosofia):

> À medida que a consciência individual se expande e subtiliza, o ser é transportado para Planos de consonante subtilidade. Deixa para trás a concreção limitadora própria de uma vivência egoísta e entorpecida, e torna-se mais e mais identificado e diluído no âmago infinitamente puro e luminoso do Todo. A sua visão, antes embotada, volve-se clara e sem obstáculos ou muros separatistas. Então, os circuitos do carma tornam-se igualmente fluidos e desimpedidos, deixando jorrar energias benfazejas e de inimaginável harmonia.

Relações entre causas e efeitos multiplicadores

Extratos adaptados da **Sexta Lei de Carma-Nêmesis** de Humberto A. da Costa:

> Sexta lei de carma-nêmesis. As duas leis da obra divina, dos ciclos ou ritmos (lei da reencarnação) e de carma-nêmesis, relacionam-se com a terceira lei divina, das ordenações, de Ceres, efeito multiplicador das sementes, da seara divina, do chamado "pão por deus". Qualidades da terceira lei que é do "pão por deus"; o pão (de Ceres) que nasce do céu para quem dele comer não morrer.
>
> As leis dos ciclos e carma-nêmesis são as duas leis ou mós dos moinhos de Deus que andam devagar mas moem muito fininho, em muitas passagens. Estamos a valorizar as substâncias porque no homem

começamos sempre pelo lado material, por isso se deve estudar e experimentar as leis da matéria. É o primeiro passo para as leis espirituais de Deus. Os nossos corpos têm inteligência das substâncias e se os deixarmos eles decidem para benefício dos seus gostos. O ser que nos habita não tem possibilidade de se libertar das falsas decisões.

A lei de carma-nêmesis rege a obra divina. Os ritmos marcam os tempos. Estas leis atuam como as quatro leis da natureza: semear, germinar, florescer, frutificar; leis dos quatro passos de Buddha. um modo de melhorar as nossas decisões é seguir os passos do que vai à frente. Nunca ponha em dúvida qualquer conselho dos mestres; o seu "respeito" deve incluir tentativas de demonstrar com "evidências" experimentais credíveis, que o mestre está certo para que haja concordâncias e não divergências."

Extratos do artigo 'Blavatsky sobre o carma':

A cada esforço de vontade para a purificação e união com o Deus próprio, se interrompe um dos raios inferiores, e a entidade espiritual do homem é atraída, cada vez mais alto, para o raio que substituiu o primeiro, até que, de raio em raio, o homem interno é absorvido no raio único e mais elevado do Sol-Pai. O nosso destino está escrito nas estrelas.

Há uma predestinação na vida geológica de nosso globo, assim como na história passada e futura das raças e nações, estreitamente relacionada com o carma e os ciclos. Estes ciclos, rodas dentro de rodas, não afetam de uma só vez e ao mesmo toda a humanidade.

O grande ciclo abarca o progresso da humanidade desde a aparição do homem primordial de forma etérea. Ele circula através dos ciclos internos da evolução progressiva do homem, desde a etérea até a semi-etérea e puramente física; baixa a redenção do homem de seu vestido de pele e matéria, depois do que continua o seu curso para baixo, e depois para cima, para recolher-se na culminação de uma ronda, quando a serpente manvantárica engole sua cauda e passaram sete ciclos menores. Porém, dentro destes há outros ciclos menores de raças e nações, independentes uns dos outros. Somos nós, nações e indivíduos, que pomos carma em ação e o impelimos em sua direção. O único decreto de carma, eterno e imutável, é a harmonia absoluta no mundo da matéria como é no mundo do espírito.

Não há desgraça ou incidente em nossas vidas cujas causas não possam ser encontradas em nossas próprias obras, nesta ou noutra vida. carma--nêmesis não é mais que o efeito espiritual dinâmico de causas produzidas e de forças postas em atividade por nossas próprias ações. É uma lei de dinâmica oculta que assim se enuncia: 'uma quantidade dada de energia, desenvolvida no plano espiritual ou no astral, produz resultados muito maiores que a mesma quantidade desenvolvida no plano físico objetivo da existência. A supressão de uma só causa má suprimiria não um só, mas muitos maus efeitos. O homem é o seu próprio Salvador e o seu próprio destruidor'.

Sephira Netzach – A Lei da Graça

> Nada escapa do princípio de causa e eleito, mas existem vários planos de causalidade, e pode-se empregar as leis do plano superior para vencer as leis do inferior. – *O Caibalion*

A sétima Sephira é Netzach, firmeza, vitória. A cabeça arcangélica é chamada Hamiel, "a graça de Deus". Hamiel é aquele que se diz ser descrito na Livro de Daniel (10:5- 6):

> Em seguida, levantou os olhos e olhei e eis que um certo homem vestido de linho, cujos lombos estavam cingidos com ouro fino.
> Seu corpo também era como o berilo e a cara dele, como a aparência de um raio e seus olhos como lâmpadas de fogo, e seus braços e os pés como na cor de latão polido e a voz de suas palavras como a voz de uma multidão.

O planeta associado com esta Sephira é Vênus.

Netzach - Vitória. Está localizada no quadril direito e significa vitória e resistência. Representa o desejo de seguir em frente.

Vitória é a sétima Sephira da árvore da Vida (Netzah), uma referência às vitórias aladas da antiguidade representadas por um anjo com asas e um espelho de registo. A lei permite ao homem a aliança dos dois gêmeos, dois egos.

> Na graça, o pecado não mais tem domínio sobre nós. – (Romanos 6:14). Porque o pecado não terá domínio sobre vós; pois não estais debaixo da lei, e sim da graça. – (Romanos 6:15).

A lei da Graça está colocada na sephira chesed (corpo búdico), a misericórdia, na coluna direita da árvore da vida e localizada acima da esfera netzach (astral), a vitória, da sexta lei carma-némesis, a qual se encontra também na coluna da direita da árvore. Existe uma relação direta entre ao corpo astral (os sentimentos humanos) e o corpo búdico (o amor divino, a alma).

Através da lei da graça, num ser com a consciência búdica, o carma passa a ser remodelado, este ser já não transgride, caminhou ao encontro do propósito divino. A a graça divina não é, pois, nem injusta nem cega, como muitos imaginam: para alguém a receber, um dia, é preciso ter trabalhado durante muito tempo para a merecer. O ser que se encontrava na sephira netzach (astral) ao expandir e elevar a sua consciência passa a vibrar em consonância com a energia da sephira chesed (búdico), deixa de criar carma e pode modelar o seu carma ainda por esgotar por que transferiu a sua consciência para a sephira superior.

O Bhagavad Gita e o carma

> Tanto o homem quanto o anjo estão sujeitos à lei cármica. – *A Doutrina Secreta*

Segundo a concepção cósmica da filosofia oriental, toda a actividade do homem profano é fundamentalmente trágica, eivada de culpa, ou carma, porque quem age é o ego, e este ego é uma ilusão funesta, e tudo o que o ego ilusório faz é necessariamente negativo, contaminado de culpa e maldade.

Se tal é toda e qualquer atividade do homem mundano, então estamos diante de um dilema inevitável: ou agir e onerar-se de culpa - ou não agir e assim se preservar da culpa.

Grande parte da filosofia oriental optou pela segunda alternativa do dilema: não agir, entregar-se a uma total inatividade, submergir-se numa eterna meditação passiva, a fim de não aumentar o débito negativo do carma.

> O Bhagavad Gita, porém, não recomenda nenhuma dessas duas alternativas: nem o não agir e preservar-se de culpa, nem o agir e cobrir-se de culpa. O Gita descobriu um terceiro caminho: o do agir sem culpa ou carma. O Bhagavad Gita recomenda o caminho do reto agir, equidistante do falso agir e do não agir. – *Bhagavad Gita*, Huberto Rohden

Carma é a lei invariável e universal da natureza, a lei que recupera a harmonia e o equilíbrio. O caminho para alcançar equilíbrio em nossas vidas inclui o estudo das leis da natureza e o esforço para viver de acordo com elas. Para manter o equilíbrio é necessário trilhar um caminho de ação com base no cumprimento contínuo do dever, segundo a nossa compreensão do carma.

Em Gîtâ, Krishna, Cristo, não coloca a sacralidade da vida mas o dever por bem. Só a vida do dever é sagrada. O nosso desígnio é o dever de bem não perecível. Não podemos pensar acima das capacidades estruturais do cérebro. O estádio mais elevado é saber pelo coração.

Vejamos o diálogo entre Krishna e Arjuna no Bhagavad Gita, citado em *A Doutrina Secreta*, HPB, vol 6. p.13:

> Sempre, ó filho de Bhârata! O dharma (a lei justa) declina, e ganha terreno o adharma (a iniquidade, o oposto do dharma), eu renasço. Para proteger os bons, destruir os maus e restaurar o império da justiça, eu nasço em cada yuga.
>
> Krishna representa o Logos, ... Arjuna, que era chamado de Nara, representa a mónada humana", atma-buddhi considerada como mónada dual, o homem individual ou divino.
>
> Aquele que em verdade conhece o meu divino nascimento. Ó Arjuna! Esse quando abandonar o corpo, não renascerá, mas se unirá a mim.
>
> Assim todos os Avataras se confundem em um só, eles são os Filhos do "Pai", sua progénie directa.

Com o tempo o "Pai" (ou uma das sete chamas) chega a ser o Filho, e o Filho se torna *uno com o Pai* – na Eternidade.

Os Lipika - Registadores do Carma

O conhecimento do carma não só possibilitará que um homem construa, como deseja, o seu próprio futuro, mas também o capacitará a entender a ação da lei do carma no caso dos outros, assim podendo ajudá-los com maior eficiência. Só pelo conhecimento dessa lei podemos nos movimentar sem medo e utilmente em mundos onde a lei é inviolável e, estando nós próprios seguros, possibilitamos aos outros a conquista de segurança semelhante. – Annie Besant

Sobre os Senhores do carma, Helena Petrovna Blavatsky, escreveu em *A Doutrina Secreta*:

Os Lipika, da palavra lipi, "escrito", significam literalmente os "escreventes". Misticamente, estes seres divinos se acham relacionados com o carma, a lei de retribuição, pois são os registradores ou cronistas que imprimem sobre tábuas invisíveis (para nós) da luz astral, "o grande museu de quadros da eternidade", um registo fiel de cada uma das ações e até de cada um dos pensamentos do homem, e de tudo o que foi, é e será no universo fenomenal. (...) Associados que estão ao destino de cada homem e ao nascimento de toda criança pode-se dizer que os Lipika exercem influência sobre a ciência do horóscopo. Lipika são os registadores do grande livro cármico. Esse repositório divino e invisível é o livro da vida.

Cada um dos senhores lipikas e os senhores do carma do nosso sistema estão regidos por um senhor mais elevado do sistema de Sirius.

Após os cinco sentidos, a a sexta e sétima raças revelam dois sentidos interiores. As histórias dos que não podem entrar nos céus por lhes faltarem as asas dos anjos têm a sua origem nas vitórias aladas da lei de carma-nêmesis. Escrevem sobre um espelho que simboliza os Registos Akáshicos, imagens

> do carma de ação física, emocional, mental. No plano reflector das imagens dos lipika, anjos que escrevem, fixam as forças do carma, nas substâncias e na matriz.

Antonio Geraldo Buck escreveu:

> Sendo o carma uma lei Divina e, portanto, justa e perfeita, ela é inviolável. Não pode ser burlada, como acontece com as leis humanas. É uma lei neutra, mantendo todos nivelados perante a justiça divina, em sintonia com seu estágio evolutivo.

Em *Iniciação Humana e Solar* – Alice Bailey, lê-se:

> Existem quatro grandes seres que são os representantes, em nosso planeta, dos quatro senhores do carma no Sistema Solar, que estão especificamente envolvidos com a evolução do reino humano no momento presente. Esses quatro senhores estão ligados com: a distribuição do carma individual e grupal; o cuidado e a tabulação dos registos "akáshicos"; e a participação nos conselhos solares. Representa o Logos Planetário junto do Logos Solar.
>
> Cooperando com estes senhores do carma, estão os grandes grupos de iniciados e devas que se ocupam com o ajustamento correto dos seguintes carmas: mundial, racial, carma nacional, grupal e individual. E que são responsáveis, perante o Logos Planetário, pela correta manipulação daquelas forças e agentes construtores que introduzem os egos certos dos diferentes raios, nos tempos e estações corretas.

Na astrologia esotérica, temos:

> Os quatro marajás conectados com o carma da humanidade, do cosmos e do ser humano são: o Sol (ou o seu substituto Miguel), a Lua (ou seu substituto Gabriel), Mercúrio (ou o seu substituto Rafael) e Vênus (ou o seu substituto Uriel).

Geofrey Hodson, em *A Suprema Realização através da Ioga* (Ed. Teosófica), escreveu:

A base fundamental da espiritualidade é a compaixão. Mesmo que num sentido impessoal, devemos naturalmente ter compaixão por aqueles que estão passando por necessidades. Devemos ser solidários com suas condições de infelicidade espiritual, mental e emocional; pois a vida espiritual tem suas fundações no coração, que deve ser sensível ao sofrimento - subumano e humano - sempre que ele possa existir, respondendo a ele e sentindo um forte ímpeto para oferecer alívio. Este é o grande segredo. O ideal é que o iogue seja capaz de amar e demonstrar um profundo interesse altruísta e compassivo. Estes devem ser sabiamente colocados em ação, à medida que a liberdade pessoal venha a permitir.

Coicidências e Sincrodestinos

Para o médico e cientista Dr.Deepak Chopra, as ditas coincidências são lições de um planejamento do nosso eu superior que ele chamou de sincrodestino. Por meio delas, é possível criar um estado mental no qual começamos a notar que existem momentos oportunos e decisivos em nossa vida, e que tudo se transforma quando nós os percebemos e agarramos.

A verdade é que, para que isso ocorra precisamos estar em contacto com a dimensão superior onde habita nossa essência. Nessa esfera residem as causas das coincidências, que aparentemente, na dimensão física não podem ser explicadas por uma relação direta de causa e efeito. Somos engrenagens de um grande mecanismo chamado universo que nos criou para uma única realidade: sermos felizes.

Deepak Chopra mostra que cada partida que acontece em nossas vidas é portadora de uma mensagem sobre o potencial milagroso de cada momento. O sincrodestino traz novas maneiras de perceber e de viver. É uma espécie de renascimento ou despertar.

Essa conspiração de coincidências tece uma verdadeira teia de circunstâncias, criando a vida individual de cada um de nós. Síntese do Livro Sincrodestino de Deepak Chopra.

Quem estuda Teosofia sabe que a casualidade não existe, todo o efeito tem a sua causa e toda a causa produz o efeito correspondente. No livro Sincronicidade - *Um Principio de Co-*

nexões Acausais, Jung lança sua teoria sobre as conexões sem causa ou coincidências significativas, teoria esta que complementa as explicações causais dos fenômenos que vigoram na ciência ocidental. É a lei da causa e do efeito, o carma em ação, manifestado, chamado carma maduro, tanto pode ser auspicioso ou nos punir por ações passadas. Dentro do ser humano existe o mundo das causas ou princípios, elas estão localizadas no mental superior. No corpo causal está ancorada a alma humana e o anjo solar. Depois da morte do corpo físico aí são recolhidos os seguintes átomos permanentes: físico, astral, mental inferior (unidade mental) e mental superior. Aqui estão contidos em estado embrionário, potencial, latente, todo o carma acumulado (skandhas), bom ou mau, o destino da próxima reencarnação. Os sincrodestinos, vulgo coincidências revelam-se na nossa mente concreta via mental superior, mas têm origem no nosso eu superior.

> A Justiça Absoluta não diferencia os muitos dos poucos. – Koot Humi

Existem leis imutáveis que regem o universo emanado de Deus, assim como o seu funcionamento. Como o ser humano faz parte do universo, se ele transgride as leis, vai contra as forças cósmicas e sofre as consequências disso. E, se ele se esforçar por compreender e respeitar melhor as leis, as dificuldades que necessariamente encontra também são para ele uma causa de sofrimentos; mas estes sofrimentos que cada um encontra no caminho da evolução contribuem para o seu desenvolvimento interior. Por isso, pode-se dizer, igualmente, que Deus faz sofrer os justos: Ele fá-los sofrer porque é o seu amor a querer que eles cresçam, que eles se desenvolvam. Este amor também faz parte das Leis cósmicas.

Passos na Senda

> Quando um estudante dedicado entra para a Sociedade Teosófica, não há mais em sua vida circunstâncias levianas e sem sentido, porque cada uma é um elo colocado de propósito na cadeia de acontecimentos que o conduzirá ao portal dourado. Cada passo, cada pessoa que encontra, cada palavra pronunciada podem ser colocados propositalmente na

decisão diária, com a intenção de dar certa importância ao capítulo ao qual pertence, e significado cármico para o volume da vida. – H. P. Blavatsky

Última transformação: conversão do eu em um ser divino. *Chave da Teosofia* – H. P. Blavatsky

Do irreal, conduz-me ao real. Das trevas, conduz--me à luz. Da morte, conduz-me à imortalidade. *Brihadaranyaka Upanishad* 1.3.28

Bem-aventurado é o Filho da Luz,/ Que procura seu Pai Celestial,/ Pois terá a vida eterna./ Quem habita no lugar secreto do Altíssimo/ Habitará sob a sombra/ Do Todo-Poderoso,/ Pois Ele vos confiará aos seus Anjos,/ Para que vos guardem em todos os vossos caminhos... *O Evangelho Essénio da Paz*, p. 121. – Edmond Bordeaux Szekely

Bibliografia

COSTA, Humberto Alvares da. *Cultura Espiritual Portuguesa*

TRAVASSOS, Lubélia. *A Justiça Divina e a Lei Do Carma e da Reencarnação*

BLAVATSKY, Helena Petrovna. *A Chave da Teosofia*

BLAVATSKY, Helena Petrovna. *A Doutrina Secreta* (Volume II Simbolismo Arcaico Universal e Volume VI Objeto dos Mistérios e Prática da Filosofia Oculta)

AIVANHOV, Omraam Mikael. *O Homem à Conquista do seu Destino*

AIVANHOV, Omraam Mikael. *A Lei de Causa e Efeito*

COSTA, Humberto Álvares da. *A Lei do Carma* - As Leis Divinas para uma Nova Idade do Homem.

CHOPRA, Deepak. *Sincrodestino - Coincidências*

TRISMEGISTO, Hermes. *O Caibalion*

A dinâmica da fraternidade[1]

N. SRI RAM

Pode se dizer sem exagero que, se existe uma chave para a solução de todos os problemas no relacionamento humano, ela é a simples, mas profunda, verdade da fraternidade universal, que emerge do fato de que todos os seres humanos se originaram das mesmas raízes e que são essencialmente da mesma natureza, por mais que este fato possa estar velado e eclipsado pelas modificações por que passa esta natureza, apresentando assim diferenças nas características mentais e físicas. Mesmo que todos os sistemas sociais e políticos existentes permaneçam como estão, imperfeitos e nada satisfatórios como são, se for dado um sentido e realização genuínos a essa verdade subjacente, o mundo presenciará uma mudança milagrosa; em vez de ser, como é, um grande caos emergente, quase um inferno para inúmeras pessoas cujo sofrimento não vemos, ele tornar-se-á quase um paraíso.

Toda a palavra que possui um significado bonito tende, com o decurso da utilização, a tornar-se uma coisa gasta e vazia, uma moeda praticamente sem valor. Tornada um convencionalismo, um mero sinal, a indicação de uma ideia, não a realidade, torna-se um oposto que dá jeito, que cobre a nossa falta de sensibilidade e ignorância. Todo o conceito que encerra um valor, que é espiritual num sentido fundamental, isto é, desprovido de qualquer elemento de interesse próprio e de

[1] Título original: The Dynamics of Brotherhood. Artigo da *The Theosophist*, dezembro de 2009. Tradução cedida pela Sociedade Teosófica de Portugal e constante da Revista Osíris nº 19, de maio-agosto 2010, sendo a tradução adaptada para o português do Brasil.

autossatisfação, é degradado e materializado; vê-se transformado, na prática, em termos que desdizem o seu significado original. Assim a religião torna-se uma forma vazia, um rótulo de exclusividade e respeitabilidade, além de ser um meio de autoilusão e causa de antagonismos. A caridade transforma-se num meio de autoexibição e de se ganhar consideração e apoio, como também um bálsamo para a consciência.

De modo idêntico, a fraternidade, mesmo quando considerada como uma doutrina prática e não apenas suportada como uma ideia inócua, é vertida em termos de coexistência que apenas reclama paciência e tolerância para com aqueles com os quais discordamos e de que não gostamos. Meramente existir neste planeta simultaneamente com um outro, sem que um ataque o outro, pode ser uma melhoria no que respeita à lei da selva, mas é o mais pobre dos pobres objetivos do ser humano, dado ser ele constituído como uma fonte de energias que podem florescer em muitas formas diversas de beleza, agindo sobre os outros e produzindo uma diversidade de bênçãos e de felicidade para si mesmo e para os demais. Também contém em si energias, talvez a mesma energia fundamental levada a padrões autodeformantes, que explodem em violência e catástrofe. A natureza não permite um vácuo no espaço sem que este esteja cercado de pressões. Não existem durante muito tempo paredes de isolamento sem que se gerem ou provoquem forças fora dessas paredes que se organizem para as atacar. A História oferece inúmeros exemplos desta lei. Aí onde existem privilégios, legalmente ou comumente protegidos, baseados em nenhum princípio justo, existem também forças de inveja e descontentamento; e quando estes privilégios negam oportunidades legítimas ou causam dificuldades aos que deles são excluídos, também criam ressentimento e violência. Assim nascem e se alimentam revoluções, a lei da ação e reação atuando de forma cega e catastrófica nas relações humanas, bem como psicologicamente, tanto como no campo dos fenômenos naturais.

Os homens são supostos darem-se com os seus iguais em respeito e compreensão mútuos, e aprenderam a cooperar, de formas diversas, para o seu enriquecimento e bem mútuos.

Este interesse surge por si quando as circunstâncias não são desfavoráveis, tal como a natural curiosidade de um jovem animal ou a sua ligação à mãe. Infelizmente, as condições modernas não parecem ser propícias para estes instintos verdadeiros e profundamente enraizados no homem, que o podem guiar ao longo de um caminho de felicidade para si e para os demais, florescendo nessas graças e virtudes sem as quais a vida tende a se tornar vulgar, demasiado excitante e desprovida de qualquer significado profundo. A competição agressiva, a luta pelo sucesso e pela construção daquilo que se chama autoidentidade, como se tal já não existisse, a incessante procura de sensação de uma outra forma, tudo isso não só destrói a paz da mente e do coração como também a capacidade e a disposição para a concretização de qualquer daqueles valores que não se encontram no plano das respostas superficiais de cada um. É um fato infeliz que, à medida que as oportunidades se expandiram com todos os meios de movimentação e de comunicação que a ciência nos proporcionou, e à medida que novos campos de atividade foram abertos devido a um maior conhecimento científico, as pessoas afastaram-se umas das outras, não só fisicamente, e nos seus interesses, mas também no plano dos afetos e da compreensão, e nesses sentimentos mais profundos normalmente gerados pelo contato íntimo. Tal como as estrelas e as galáxias se diz estarem a afastar-se umas das outras num universo em expansão, do mesmo modo no mundo moderno cada homem, perseguindo de forma intensa e febril o seu objetivo particular, afasta-se dos seus companheiros, cada qual movendo-se na sua própria direção. Na medida em que cobre um terreno maior – não sendo este o caso com o número crescente de especialistas e técnicos que não saem muito para fora dos seus estreitos trilhos – ele perde profundidade de compreensão e profundidade nos relacionamentos. Com toda a variedade de contatos e de interesses que o excitam, ainda que superficialmente, a vida é um assunto muito pouco satisfatório. Vivemos um período da história mundial em que a mente humana anda à procura, ativa, agitada, inquieta. Esta atividade, dirigida e controlada, resulta nos avanços construtivos da ciência e da tecnologia que emprestam a sua tónica particular a este período, diferenciando-o de outros, mas também traz dificuldades à condição da mente do homem comum que é empurrado, puxado e excitado por uma variedade de forças e acontecimentos. Existe uma maré mista de ideias, criada não só pelos contributos notáveis do conhecimento, como também pelos acontecimentos diários, crônicas, comentadores e livros que tratam de mil e um assuntos diferentes. Estas ideias que penetram na mente do homem mediano de maneira nenhuma ajudam à sua iluminação. Até mesmo as melhores mentes tendem atualmente a viver em segunda mão, satisfeitas com ideias que mais não são que representações, mesmo quando verdadeiras, e não a realidade. As imagens que formamos tornam-se paredes ou tabiques que não deixam que a vida seja vivida em contato direto com as pessoas e as coisas tal como elas são. Aquilo que podemos começar por considerar como uma fonte de enriquecimento torna-se uma desvantagem. Um americano não vê um habitante do Vietname como o ser humano que é, mas como a imagem desse homem já impressa na sua mente. A imagem classifica aí os seres humanos em pró-América e pró-*Viet Cong*. De modo idêntico, pessoas de outros países têm as suas próprias imagens. Porque não estamos em contato com a realidade que é a vida, perdemos a capacidade de compreender a vida seja sob que forma for, e somos capazes dos atos mais atrozes, tudo em nome da imagem, da ideia que perseguimos. A nossa preocupação com o recheio das nossas próprias mentes, bem como com as ideias daí resultantes, torna as nossas vidas irreais, rotineiras, vulgares e nada satisfatórias.

A simpatia por uma pessoa procede da compreensão dos seus sentimentos, das suas necessidades e experiências, e normalmente a simpatia provoca afeição. Mas o ritmo louco em que a vida é vivida por causa das atrações que hoje existem no mundo, tão diferente de épocas passadas, não permite que haja tempo para esse conhecimento. Quando fazemos uma observação superficial ou convencional sobre algum fenômeno significativo ou sobre algum acontecimento importante que afeta as vidas humanas, ou sobre algo belo, e rapidamente passamos para outros assuntos, é óbvio que não fomos tocados por isso. Estamos preocupados com as nossas próprias ideias, fins e objetivos. A mente raramente está liberta deles e, por conseguinte, trata-se de uma mente quase nada aberta. A ideia que formamos de nós mesmos e de todas as coisas geralmente está em parte moldada por reações que não paramos para examinar e, em parte, deriva de leituras e de vários meios de propaganda. Só raramente entramos em contato direto com outro ser humano sem esta barreira.

A fraternidade tem um significado na realidade das coisas que nos passa despercebido quando se torna uma doutrina acadêmica. Significa, no plano psicológico, um interesse positivo e sentimento pelos outros, bem como a compreensão dos mesmos. A partir dessa base, ascendendo a realizações mais profundas e sutis, ela pode tornar-se uma expressão de toda aquela beleza de sentimento veiculada por S. Paulo nas suas Cartas aos Romanos e aos Coríntios. S. Paulo fala da caridade do coração ou, como alguns traduziram, do amor, que é sempre belo. O amor, tal como a afeição, é real quando existe, porque é preciso e claro. É tão real como os vários raios que penetram uma substância sólida ou como uma corrente de eletricidade que difunde um campo magnético e desencadeia várias reações físicas.

Por que a fraternidade se aplica a uma variedade de seres, torna-se ou uma abstração ou um sentimento enfraquecido pela sua disseminação, algo vago e amorfo a que falta um foco e delineamento precisos. É ineficaz porque se trata de um conceito colocado numa prateleira do nosso pensamento e não uma força que muda a nossa maneira de pensar e o nosso comportamento de forma absolutamente definitiva. Se existe a mesma essência, com as mesmas energias, metaforicamente o mesmo sangue, em diferentes indivíduos em alguma camada do seu ser, ela pode desenvolver neles a capacidade para se conhecerem como parentes e responderem-se entre si com afeição e beleza. É neste conhecimento e nestas respostas que tem de ser descoberto o verdadeiro significado da fraternidade. Sendo a fraternidade um termo abstrato, ela soa como uma condição estática de que se deve apenas tomar nota, embora na realidade consista num intercâmbio natural entre dois seres humanos, em que cada um é uma forma especializada de vida ou espírito, o termo espírito referindo-se a uma profundidade e âmbito de sentido que terá de ser descoberto por cada qual dentro de si. Quando a fraternidade é imbuída desse significado torna-se um relacionamento em que o desenvolvimento de cada um se vê enriquecido pelas respostas do outro.

A vida, que começa como uma unidade, presta-se a diferenciações que constroem uma árvore com numerosos ramos e galhos, cada um com as suas características especiais. Cada homem é diferente de outro no seu ser interior, embora este ser pertença à mesma árvore da vida. Esta diferença, quando corretamente entendida, torna-se um meio de intercâmbio e de enriquecimento para ambos. O professor beneficia-se tanto como o aluno, o homem tanto como a mulher, no relacionamento que estabelecem entre si. Até mesmo um homem estúpido pode ajudar um amigo inteligente ao dar-lhe oportunidade de penetrar na máscara da sua estupidez e encontrar forma de a solucionar. Onde quer que haja interdependência, seja de que forma for, o tipo de interação que conduz não só ao serviço das necessidades imediatas de cada parte, como também ao seu bem supremo comum, deve ser considerado ação da fraternidade.

As possibilidades de enriquecimento mútuo – sem prejuízo do carácter dos tipos especializados – multiplicaram-se enormemente devido aos desenvolvimentos ocorridos neste século. Não resta dúvida que é na unidade que o verdadeiro progresso acontece, mas a natureza dessa unidade deve ser compreendida por forma a incluir o fato do processo de diversificação e de especialização da vida. É só a partir de diferentes notas na sua pureza, diferentemente espaçadas, que a harmonia é produzida. Se cada uma dessas notas fosse uma entidade consciente, ela não só estaria consciente do valor das outras notas, bem como partilharia da harmonia produzida em colaboração com elas. Nenhuma quereria ser mais proeminente do que é. Uma nota particular pode ser soada apenas para fazer ressaltar o significado de outra. Ficará contente com o seu próprio lugar e contribuição para a beleza e eficácia do conjunto, não desejando que o conjunto rode à sua volta, dando-lhe a tónica ou função dominante.

É desta forma, a cada passo, em associação com membros de cada grupo natural que nos possa incluir, que começamos a perceber como a vida deve ser vivida, o que realmente significa cooperar com os outros, qual é o *dharma* de cada um em relação com eles, o que a fraternidade significa em ação e prática. Todo o auxílio e serviço que possamos prestar aos outros para suprir uma necessidade ou promover um empreendimento benéfico faz parte desse *dharma*, que é o caminho do nosso progresso em frente, fora do campo das limitações e sombras, para o reino da unidade e da luz; é também uma expressão dessa fraternidade que é a verdadeira relação entre os seres, seja ela reconhecida ou não. Diz-se que quando finalmente se entra nesse reino de luz e o ser mais interno se funde na essência que o constitui, toda a natureza canta um hino de alegria, porque a natureza, ou melhor, as suas camadas mais profundas, são um tampo harmônico para cada frêmito, quer de alegria quer de dor, sentido por qualquer um dos seus filhos. É a unidade que subjaz a toda a diversidade que nos faz participantes da parte e destino uns dos outros. Cada um atua inevitavelmente sobre os outros de formas que aumentam ou diminuem as suas próprias alegrias e sofrimentos, dependendo se a sua ação segue as leis da unidade que constituem o bem e o belo, ou as formas de separatividade sempre causadoras de distorção e de conflito.

Os sete princípios humanos[1]

EDILSON ALMEIDA PEDROSA

Tal como prevalece no universo como um todo, existem também no ser humano (que é um microcosmo) sete princípios, ou aspectos elementares, que são diferenciações essenciais da Realidade Única. O homem na Terra é, por conseguinte, composto de sete princípios, subdivididos em dois grupos: as quatro mechas, que correspondem aos quatro princípios inferiores (corpo, *prana*, duplo etérico e mental inferior, ou *kama-manas*), que são transitórios; e os três fogos (ou chamas), ou seja, os três princípios superiores (*atma*, *buddhi* e *manas*), eternos em sua tríplice unidade. Esses aspectos primordiais que fundamentam a existência humana permitem que o homem apresente formas bem distintas em diferentes níveis de manifestação: física, astral, psíquica, espiritual e divina. São comuns as dificuldades de se reconhecer e compreender a constituição setenária do ser humano em face das concepções puramente materialistas da fisiologia e do conhecimento científico atuais, que situam todos os elementos constituintes do ser humano no mesmo plano de materialidade e não reconhecem os elementos e a atuação do homem nos diversos planos da natureza. Esse problema avoluma-se em decorrência de importantes diferenças na nomenclatura e nas formas de apresentação desses princípios pelas diversas escolas orientais de ocultismo, ainda que subsista em todas uma base comum do ensinamento. Ademais, o próprio jargão

[1] O presente artigo corresponde *ipsis litteris* ao capítulo 8 de mesmo título, do livro *Um Olhar sobre a Filosofia Esotérica*, **EDITORA DO CONHECIMENTO**.

teosófico, de origem sânscrita, é muitas vezes confuso, com os termos sendo definidos com certa ambiguidade e alto grau de liberdade e extensão.

Já vimos que o universo apresenta sete modos de ser relacionados a sete estados de consciência, e que o homem, semelhantemente, revela sete estados e princípios, embora exotericamente só se reconheçam três: espírito, alma e corpo. Blavatsky diz que o "homem é uma correlação de poderes espirituais, assim como de forças químicas e físicas, colocadas em funcionamento pelo que chamamos de princípios"[2], e que, de pronto, percebe-se que o ser humano tem duas naturezas bem distintas: a espiritual, ou superior; e a física, ou inferior. Pela primeira, ele é capaz de pensar e, pela segunda, de registrar e assimilar os pensamentos. A doutrina arcaica ensina que a natureza espiritual, ou o ser espiritual do homem (o homem superior), está composta de três princípios, enquanto a natureza física (o homem inferior), também conhecida como o quaternário físico, é formada por quatro princípios, totalizando sete princípios, ou aspectos.

É normal termos a sensação de autoidentidade. Reconhecemo-nos como o Sr. ou a Sr.ª X que vivenciou uma série de experiências, as quais permanecem como um conjunto de memórias encadeadas que dão essa sensação de identidade. No entanto, esse sentimento que, chamamos egoidade, é passageiro e se desvanece na medida em que a memória não retém, de fato, a maior parte das experiências vivenciadas, pois ela é muito frágil e fugaz. A filosofia esotérica reconhece que o homem tem uma personalidade e uma individualidade. Segundo esta filosofia, o Sr. ou a Sr.ª X, com seus padrões bastante mutáveis de pensamento, sentimento e modos de agir, é apenas uma das personalidades adotadas no teatro da vida pelo eu verdadeiro, a individualidade, aquele componente do homem que pode dizer "eu sou eu", pois que é o verdadeiro ego que se reencarna periodicamente na Terra, assumindo os mais diversos papéis.

A individualidade engloba três princípios superiores (*atma, buddhi* e *manas*), que são considerados como uma

---

[2] (Blavatsky H. P., *A Chave para a Teosofia*, 1991).

unidade, a tríade superior, chamada ego imortal, porque é justamente a parte que não desaparece com a morte. Este ego, que é o homem divino, pensador ou racional, adota sucessiva e temporariamente uma personalidade, reencarnando-se inumeráveis vezes em decorrência do carma que gera, sendo o homem divino quem armazena a memória de todas as encarnações. A personalidade, por outro lado, é o instrumento de que se vale a individualidade para atuar transitoriamente no mundo material. A personalidade é o ego mortal, ou pessoal, o reflexo ilusório ou a projeção passageira da individualidade, sendo constituída dos quatro princípios inferiores, ou quaternário inferior: sthula-sharira, prana, *linga-sharira* e *kama-rupa*. E, por ser transitória, guarda apenas as qualidades e características de uma vida.

Todos os princípios formadores do ser humano são compostos de matéria. Porém as moléculas que os constituem variam pelas propriedades e elementos que apresentam, numa ordem decrescente de sutilidade tal que só a matéria do corpo físico, o princípio mais denso, é visível. A ideação cósmica, quando está concentrada num princípio que lhe serve de base, dá origem à consciência do ego individual, e esta consciência varia conforme o grau de capacidade de resposta do veículo. Assim, por exemplo, a ideação cósmica (o pensamento eterno impresso na matéria) apresenta-se como um fluxo de intuição espiritual quando está atuando através do sexto estado da matéria correspondente ao tecido mais finamente diferenciado de *buddhi*, o qual repousa sobre a experiência de *manas*, a sua base.[3]

Não só o homem, mas também animais, plantas e minerais são dotados de sete princípios, sendo o sétimo, o espírito, o mais elevado. Este princípio, tal como se fora o fio que une as contas de um rosário, conecta as diversas vidas por que passa cada ser, numa sucessão quase interminável de encarnações, enleado num processo evolutivo contínuo que modela a individualidade. A rigor, nessa longa jornada, o que de fato evolui é a vida una, ou espírito universal, que passa a habitar paulatinamente cada um dos princípios superiores (do quarto em diante) da pessoa,

[3] (Blavatsky H. P., *A Doutrina Secreta*, 1973, Vol. II, pp. 36-37).

fazendo com que desenvolvam todas as suas potencialidades. É, contudo, praticamente impossível precisar o conceito de vida una, pois essa ideia é inexprimível pela linguagem e inalcançável pela inteligência comum. Numa aproximação, pode-se dizer que ela é a união dos princípios superiores de todos os seres e não propriamente um princípio, algo molecularmente dissociável, ainda que a nível sutilíssimo; ela é a influência espiritual sobre cada um de nós.

Na descrição a seguir, pode-se perceber que cada princípio corresponde a um estado de consciência especial que é qualitativamente distinto do outro, devendo por isso mesmo receber um nome apropriado. Deve ser enfatizado também que "cada um dos princípios humanos está em correlação com um plano, um planeta e uma raça; e os princípios humanos estão, em cada plano, em correspondência com as forças ocultas de natureza sétupla - sendo as dos planos superiores dotadas de uma potência espantosa." [4]

Corpo físico (sthula-sharira)

O primeiro princípio humano é denominado *sthula-sharira*[5] (sânsc.), ou *rupa*. Ele é o corpo denso do homem, o veículo do pensamento e do sentimento e o instrumento de atuação imediata do espírito no plano material, sendo reconhecido como denso ou grosseiro apenas em relação à maior sutilidade dos demais princípios. Nosso corpo não é uma criação especial, mas apenas o resultado do trabalho gradual do desenvolvimento evolutivo da natureza, não se diferenciando, nesse sentido, dos corpos dos demais seres viventes, embora seja o tabernáculo daquilo que sobrevive à forma passageira, o espírito, que é o eterno peregrino, uma manifestação do Uno incognoscível no espaço e no tempo. Em outras palavras, o homem é um ser não material, embora se utilize de um corpo ou forma material que se modifica permanentemente.

O corpo físico do homem é constituído de matéria sólida, líquida e gasosa dos três subplanos inferiores do plano físico, podendo ser considerado a contraparte do duplo astral, o terceiro princípio (ou *linga-sharira*), e o seu veículo. A matéria

[4] Ibidem, Vol. 1 - p. 58.

[5] Em sânscrito, sthula significa grosseiro; e sharira, invólucro ou corpo.

do corpo denso é moldada sobre o duplo astral pela atuação de prana, o segundo princípio humano. Por isso, o corpo físico não chega a se constituir, com efeito, em um princípio, sendo antes uma criação especial, já que é, de fato, um invólucro de um princípio, ou seja, uma casca peculiar formada sobre o duplo astral, que lhe cede prana. A rigor, é o espírito humano, em sua unidade tripla, quem, na verdade, constrói o corpo físico, atraindo para ele a energia da vida, após ter formado seu *linga-sharira*.

Sthula-sharira ou mesmo a matéria molecularmente constituída não é, de fato, o nosso princípio mais grosseiro. Antes, o mais rude em nós é o princípio mediano, *kama-rupa*, o quarto princípio, que é, por sua vez, a expressão da mente no plano inferior. Ele é o verdadeiro centro animal, sendo o corpo apenas o seu envoltório, o mero instrumento pelo qual se manifesta a natureza bruta e instintiva do ser humano, a besta-fera em cada um.

A difícil preparação do buscador espiritual exige que o seu corpo esteja permanentemente sob rigoroso controle, devendo ser bem alimentado, disciplinado e mantido limpo e puro, para que adquira força, tenacidade e obediência, sem o que não haverá uma vida física e espiritual plena e saudável. *Mens sana in corpore sano* (uma mente sã, num corpo são) é o equilíbrio a ser alcançado pelo verdadeiro ocultista, aquele que é capaz de suportar os ingentes esforços e as exigências da vida espiritual. Com a morte, a matéria que compõe o corpo denso obviamente se desagrega, e os seus componentes deverão se reintegrar no corpo do planeta.

Estamos acostumados a pensar em nosso corpo como se ele fora um organismo independente e autossuficiente. Na verdade, ele não é nosso propriamente, pois o partilhamos com uma imensa colônia de outros seres microscópicos sem os quais a nossa existência seria impossível. Somos, de fato, um metaorganismo. Nosso corpo constitui um ecossistema complexo, um verdadeiro condomínio onde habitam trilhões de bactérias e outros organismos que nascem, se reproduzem e morrem nele. Sem a fauna e a flora que habitam o nosso intestino e vivem em simbiose conosco, o metabolismo seria impossível. No estágio atual do conhecimento científico, essa talvez possa parecer uma afirmativa não tão radical quanto se apresentava à época em que foi feita por Blavatsky. Há estimativa de que mais de noventa por cento das células no nosso corpo não sejam humanas, existindo cerca de um quatrilhão (o número 1 seguido de 15 zeros) de micro-organismos, incluindo bactérias, fungos, protozoários, vírus, na sua grande maioria benéficos e essenciais à nossa existência, compondo a matéria que chamamos nosso corpo. Nosso corpo é realmente muito diferente daquilo que imaginamos. Até mesmo aquilo que consideramos sagrado em nosso corpo, que é a nossa herança genética, é influenciado por seres externos a nós. Estudos publicados em janeiro de 2010 na revista Nature dão conta de que cerca de 8% do material genético humano provém de vírus e não de nossos ancestrais.[6] Ainda, segundo pesquisas muito recentes (de 2015), existem aproximadamente 30 trilhões de células num organismo humano de 70 kg, sendo 84% glóbulos vermelhos, ao tempo em que há cerca de 39 trilhões só de bactérias, isso sem contar os probióticos, micro-organismos vivos, quase sempre benéficos à saúde, que ingerimos junto com os alimentos. Por isso, embora cada um de nós seja uma entidade reconhecível, nós somos, de fato, superorganismos que incluem miríades de outros organismos individuais. É estarrecedor pensar que talvez apenas uma porcentagem menor do que vemos no espelho seja aquilo que comumente consideramos nós mesmos.

É este corpo coletivo que segue inexoravelmente seu destino sujeito às leis da evolução e da hereditariedade, transmitindo e reproduzindo os seus caracteres e traços de família. A ciência, já no tempo de Blavatsky, sabia que, nos corpos humanos e animais, abundavam bactérias e seres microscópicos aeróbios e anaeróbios que os beneficiavam, embora também os ameaçassem interna e externamente. Mas, a doutrina oculta vai muito mais longe ao afirmar que os átomos formadores dos corpos humanos, dos animais, das plantas e da natureza inorgânica são constituídos por vidas invisíveis infinitesimais, formada por seres da sétima e mais sutil subdivisão do plano material. Não só a composição química e física da matéria que

[6] Endereço: www.mdig.com.br/?itemid=9792 (visitado em 10.1.2016).

constitui todos os seres é a mesma, como o reconhece a própria ciência, senão que as mesmas vidas invisíveis formam a estrutura física básica dos seres dos três reinos animados da natureza. Com o progresso do conhecimento, deverá chegar o dia em que ciência corroborará inteiramente as grandes verdades da doutrina oculta.[7]

As enfermidades e mesmo o funcionamento normal dos seres vivos sadios, com seus processos físico-químicos exercidos sobre as células, tecidos, órgãos e sistemas, são consequência da ação dos micróbios, os invisíveis moradores da mais baixa subdivisão do segundo plano, o prana material. Eles são os criadores e os destruidores dos corpos. As células têm normalmente vida mais curta que o organismo onde se localizam. Ao longo da vida das pessoas, as células morrem e são substituídas em quase todos os tecidos, sendo exceções as células nervosas e as do músculo cardíaco, que perduram pela vida inteira. O nosso corpo experimenta uma mudança estrutural quase completa a cada sete anos. Verdadeiramente, porém, as alterações ocorridas no corpo físico, sua conservação e destruição devem-se a uma causa anterior ainda mais profunda. Como dissemos, há outras vidas ainda mais sutis que os micróbios, que compõem a sétima e mais elevada subdivisão do plano material, denominadas vidas ígneas, as quais controlam a ação dos micróbios. Durante certo período, digamos, a primeira metade da existência das pessoas, estas vidas ígneas agem indiretamente como construtores do corpo físico, sacrificando-se no ato de doar aos micróbios a energia vital de que necessitam e obrigando-os, assim, a construírem o corpo humano e as suas células. Cessado esse período, inicia-se a obra inversa de destruição e decadência, quando as vidas ígneas reduzem progressivamente a doação de vitalidade aos micro-organismos que, deixados livres e carentes de energia, exercem o seu ímpeto destruidor, tornando-se os agentes da desorganização do corpo. Esse conhecimento é básico na magia, ou seja, o domínio das causas primárias e da essência dos elementos, de suas propriedades, funções e condições de alteração.

[7] (Blavatsky H. P., *A Doutrina Secreta*, 1973, Vol. I - pp. 293 a 295).

Os átomos ou as moléculas dão figurativamente a vida e a morte. Eles aglomeram-se para formar os universos e, portanto, os corpos ou formas onde se hospedam as almas que transmigram. Ao tempo em que criam, também destroem e alteram, num movimento perpétuo, aqueles veículos temporários, desalojando as almas de seus receptáculos provisórios. Para o bem ou para o mal, a todo o tempo e em qualquer lugar, aquilo que constrói os corpos viventes dos homens, dos animais e das plantas também os arruína, engendrando misteriosamente a vida e a morte das formas, a beleza e a feiura, o bem e o mal.

Alguns órgãos do corpo humano, como o corpo pituitário e a glândula pineal, mecanismos situados no interior do cérebro humano, são considerados rudimentares e sem muita importância por fisiologistas e médicos, que os associam aos primeiros estágios da evolução, percebendo neles apenas algumas funções secundárias no fornecimento de secreções para o crescimento e a conservação do corpo físico. Esses órgãos, no entanto, são reconhecidos pelos esoteristas como de capital importância no processo de comunicação entre o eu superior e o corpo denso.

O corpo pituitário atua como uma válvula, regulando a transmissão de vibrações provenientes do corpo búdico e do mental superior para dentro do cérebro físico. É sabido que a ativação deste órgão faz parte do treinamento do ocultismo prático. Ele é, segundo nos informa Blavatsky,

> o órgão do plano psíquico. A visão psíquica é causada pelo movimento molecular deste corpo, que se encontra diretamente relacionado com o nervo óptico e, assim, afeta a visão e dá origem a alucinações. Seu movimento pode produzir facilmente lampejos de luz como os causados pela pressão sobre os globos oculares. A embriaguez e a febre produzem ilusões da visão e do ouvido através da ação do corpo pituitário. Este corpo encontra-se, às vezes, tão afetado pela embriaguez que chega a se paralisar.[8]

[8] Ibidem, Vol. VI – p. 183.

A pineal é um órgão de visão espiritual e já foi o terceiro olho da raça dos ciclopes, lemurianos. Esta glândula é o instrumento básico da transmissão de pensamento. Descartes enxergava nela a sede da alma, alegava que nessa parte do corpo a alma exerce suas funções mais do que em outra qualquer, e ele estava certo, pois esta glândula diz muito mais respeito ao espírito e à alma que ao funcionamento fisiológico do nosso corpo. Taimni, renomado autor teosófico, fez as seguintes considerações sobre o assunto:

> Um pensamento pode ser enviado diretamente de um corpo mental a outro, no plano mental, ou também pode ser remetido a partir do corpo mental, por meio do corpo emocional, ao cérebro físico, onde pode produzir vibrações no éter contido na glândula pineal. Essas vibrações viajam, então, através do éter físico, e ao chegar ao cérebro físico do receptor despertam vibrações similares, exatamente através do mesmo princípio de funcionamento de um telefone.
>
> "A vantagem desse método de transmissão sobre o anterior é que as vibrações chegam diretamente ao receptor, no cérebro físico; assim, não há oportunidade para que o pensamento seja desfigurado e mal-entendido, no seu descenso do plano mental ao físico.[9]

Prana (vitalidade)

O segundo princípio humano é o prana, aquele que dá ao homem vigor físico e mental, pois é a energia que produz todos os fenômenos vitais. É ele quem transforma o homem numa unidade viva, isto é, unifica a matéria para constituir uma forma viva. Ele é também o mesmo alento que dá vida ao corpo dos demais seres, quando é, então, chamado *jiva*.

A vitalidade humana ou de qualquer animal não é uma propriedade, uma qualidade ou um produto humano ou dos animais. Na verdade, esta vitalidade está difundida por toda a natureza, sendo o princípio inferior da essência primordial

[9] (Taimni, 1997).

(*akasha*). Prana é, portanto, aquela essência vital quando se expressa no nosso plano objetivo e opera segundo as condições com que aqui se defronta. Os animais, as plantas e todos os seres viventes dependem dessa energia para sobreviver. Ela os vitaliza desde o nascimento, e eles absorvem-na em seus corpos na proporção de seus estados de sanidade ou de morbidez. Até mesmo os materiais e as estruturas físicas incorporam-na em sua condição primordial.[10]

A porção de vida presente no ser humano e em qualquer organismo é, portanto, prana, sendo essa porção apenas uma ínfima parcela inseparável da vida eterna, infinita e indestrutível que permeia o universo, que é *jiva*. E *jiva* se converte em prana somente quando a criança nasce e começa a respirar. Portanto, não existe mais de um prana, pois ele é o princípio da vida, indivisível. Prana é simplesmente a vida em todos os seres do reino animal e vegetal, enquanto a palavra *jiva* refere-se, a rigor, a um princípio universal só aplicável ao incognoscível *Parabrahman*. No entanto, as duas palavras podem ser usadas como sinônimo quando *jiva* está referido, como muitas vezes acontece, à vida una, a essência universal da vida, a primeira emanação de *Parabrahman*, ou seja, ao primeiro logos. Por outro lado, não há que se confundir prana, o segundo princípio humano, com o ar vital que penetra o corpo através dos pulmões, conhecido por *prana-vayu* na ciência da ioga ou com outras manifestações vitais do corpo denominadas *pranas* menores. Semelhantemente, costuma-se chamar de prana a fase positiva da matéria, e de *rayi* a fase negativa.

Energia, ou vida, e matéria em seus múltiplos estados são a mesma coisa. A energia está tão entranhada na matéria que é dela inseparável, sendo impossível distingui-la até mesmo nas mais minúsculas partículas da matéria. Tudo o que existe, sejam átomos, moléculas, minerais, vegetais, animais e homens, está imerso nesse infinito oceano de vida. Prana é, portanto, a própria matéria vista sob o aspecto de força, energia e vida.

Os vegetais recebem a maior parte dessa energia vital por intermédio da assimilação direta do raio solar *sushumna*,

[10] (Blavatsky H. P., *A Doutrina Secreta*, 1973, V.II - p. 249).

que é o mesmo que ilumina e alimenta a Lua. *Sushumna* é um dos sete raios solares espalhados pelo Sistema Solar que são percebíveis pela visão mística.[11] Enquanto dormem, homens e animais absorvem, de forma indireta, parte de sua energia vital do raio solar *sushumna* por intermédio da irradiação dos raios lunares vertidos sobre a Terra. A atuação destes raios restringe-se à parte física, pois os efeitos psíquicos e espirituais que se percebem sobre a humanidade provêm diretamente de uma base suprassolar, que é o *akasha*, ou como é chamado às vezes, o éter dos ocultistas.[12]

É *jiva* quem energiza e constrói a forma que o corpo assumirá. Na pessoa doente, o fluido vital passa a circular com dificuldade. Não podendo mais atuar sobre tecidos em condições mórbidas, aquela energia entra num estado de passividade ou latência, embora não abandone o corpo. Quando o corpo morre, pelo abandono de seus princípios superiores, apenas a forma desaparece, e *jiva* simplesmente deixa de animar aquela forma, mas continua fazendo parte do oceano de vida cósmica. E todos os elementos constituintes daquele corpo continuam obviamente vivos, embora desagregados. Se o corpo for enterrado, então, *jiva* vai-se incorporar à vegetação que grassa na superfície ou mesmo às formas de animais inferiores que se desenvolvem na matéria em decomposição. Se o corpo é cremado, *jiva* volta imediatamente para a sua origem, *fohat*, pronto para tornar a produzir formas em novas substâncias com que tenha afinidade.

A absorção, acumulação e distribuição de prana pelo corpo físico é de responsabilidade do *linga-sharira*. Diz-se que prana penetra o corpo humano pela contraparte etérica do baço, cuja função é subdividir, especializar e difundir essa energia, espalhando-a pelo corpo através do sistema nervoso.

Linga-sharira (duplo etérico)

O terceiro princípio humano é o *linga-sharira*, o complemento e molde etéreo do corpo denso, a sua forma original.

[11] Cada um desses raios tem função distinta em cada um dos estados de consciência prevalecentes nos vários planos da natureza. Em sua totalidade, estes raios são a base material com que se correlacionam as forças físicas reconhecidas pela ciência como luz, calor, eletricidade etc., para produzir seus efeitos terrestres.
[12] Ibidem, Vol. II – p. 249.

"Este princípio é simbolizado pelo pomo de cristal, de que se serviu Prometeu para guardar alguns raios de Sol com que animou a estátua de barro que havia fabricado."[13] Devido a seu aspecto refulgente, o *linga-sharira* é conhecido também como duplo etérico, duplo astral e corpo astral, além de alma proteica e alma plástica. Não apenas os homens são dotados deste princípio, mas também os animais e até mesmo os vegetais.

O duplo etérico distribui o prana com regularidade para o organismo, segundo as suas necessidades, e está em correspondência com a luz astral (que fornece o prana), o segundo princípio cósmico e o sétimo da atmosfera terrestre, o mais elevado. O *linga-sharira* é o veículo de prana e seu acumulador, sendo o prana recebido do Sol físico, mas também do Sol espiritual. É este 'duplo', portanto, quem capacita o corpo a receber prana, e sem ele a vida (prana) não poderia se manifestar sob as diversas formas do plano material, já que o corpo físico, devido à sua elevada densidade, não pode assimilá-la diretamente. Blavatsky esclarece com precisão a importância desse princípio para o corpo físico: "O astral, o opaco duplo (tanto no animal como no homem), não é companheiro do ego divino, mas do corpo terrestre. É o liame entre o eu pessoal, a consciência inferior de manas, e o corpo. É o veículo da vida transitória, não da imortal." [14]

O *linga-sharira* é, pois, quem conduz o prana no seu trabalho sobre as partículas físicas para a construção das formas que essas partículas assumem, sendo, portanto, a matriz construtora e restauradora do corpo denso, a quem compenetra e envolve. Ele é constituído da matéria dos quatro subplanos superiores do plano físico[15] e localiza-se nos espaços vazios dos átomos densos, principalmente no baço, estendendo-se um pouco além do corpo físico. Este duplo tem a mesma aparência do corpo denso e é formado antes dele.

A integridade de *linga-sharira* só subsiste enquanto estiver unido aos princípios superiores. Com a morte do corpo, pelo abandono dos princípios superiores, o *linga-sharira* será absorvido pouco a pouco no *akasha*. O remanescente perma-

[13] Glossário Teosófico: verbete *linga-sharira*.
[14] (Blavatsky H. P., *Ocultismo Prático*, 2006).
[15] Quais sejam: etéreo, superetéreo, subatômico e atômico.

nece próximo ao corpo do morto e vai desaparecendo lentamente, processo que só finda após a desagregação do último átomo do cadáver, com exceção dos ossos, unhas e pelos, cuja dissolução é muito mais lenta. Embora quase nunca seja visto pelos olhos físicos, o *linga-sharira* pode, às vezes, se tornar visível sem qualquer interferência dos princípios superiores da pessoa cujo corpo ainda está em decomposição. Algumas pessoas têm a capacidade de ver o duplo do morto que, nessa situação, embora ainda mantenha a aparência da pessoa morta, não tem vida nem consciência, sendo um mero agregado de moléculas num processo de desintegração, como se fora uma escultura de cera derretendo ao Sol.

Alguns médiuns conseguem apartar intencionalmente o seu *linga-sharira* do corpo físico, porém por pouco tempo e a curta distância, sendo essa prática altamente arriscada, pois este princípio pode ser impedido de retornar ao corpo denso se as condições que permitiram o afastamento forem modificadas consideravelmente, podendo vir a ocorrer a morte do médium pela ausência de circulação do prana. No entanto, Blavatsky afirma que, tendo-se alcançado a consciência correspondente ao nível de *buddhi*, o sexto princípio, tal como atingida pelos *mahatmas*, torna-se possível projetar, conscientemente e à vontade, o duplo etérico para fora do corpo físico, alertando que certamente esse é ainda um poder muito perigoso.

Há eventos que se parecem com a projeção do duplo astral, mas que são, de fato, outro fenômeno. Por exemplo, devido ao impulso provocado pelo intenso desejo de ver alguém ou de aparecer para ele, o cérebro de uma pessoa agonizante aciona casualmente certas forças capazes de projetar o *mayavi-rupa* até o local onde se encontra aquela pessoa. O mayavi-*rupa*, também chamado com frequência de corpo astral, é um corpo não natural, assemelhado ao corpo humano e formado por elementos mentais e astrais (o quarto princípio associado ao mental inferior, que faz parte do quinto princípio), que pode funcionar com independência nos planos astral e mental. Como este corpo é formado de princípios superiores, ele não deve ser confundido com o *linga-sharira*. Os *adeptos* vivos também conseguem projetar o mayavi-*rupa* a qualquer distância de seu corpo denso, só que voluntariamente e com intenção precisa, sendo geralmente por seu intermédio que os *adeptos* costumam apresentar-se em locais muito improváveis.

O homem assimila os alimentos, desenvolve-se e exerce funções reprodutoras por intermédio da atuação vitalizadora dessa alma proteica, sendo ela, além disso, quem faculta ao espírito o governo, por meio do pensamento, de seu veículo físico. As enfermidades geralmente se originam no duplo etérico, mas também é dele que surgem as reações que restabelecem a saúde do organismo, sendo essa capacidade que permite a cura proporcionada pela homeopatia, que reconhece ser a doença uma perturbação da energia vital. É esse corpo quem dirige o curso da evolução dos seres vivos, pois é o fator de perpetuação das espécies, moldando as formas orgânicas e determinando as suas características fundamentais.

Blavatsky afirma que a alma astral[16] (a alma animal vital do homem e dos animais, derivada da luz astral) tem a mesma conotação do perispírito de que trata a doutrina espírita. Vale a pena, por isso, examinar o que pensam os espíritas a respeito desse assunto. Conforme ensina Allan Kardec, o codificador do espiritismo, em *A Gênese*, o perispírito, ou corpo fluídico dos espíritos, vem a ser a envoltura semimaterial, de natureza etérea, do espírito humano. Kardec acrescenta que o perispírito é um produto da eletricidade, do fluido magnético cósmico (e, de certa forma, da matéria inerte) que se condensa em torno de um foco de inteligência, ou alma. O corpo físico também se origina daquele fluido, alcançando, porém, um estado molecular mais grosseiro. A matéria que forma o perispírito (equivalente ao *linga-sharira* teosófico) varia conforme o ambiente cósmico. Assim, por exemplo, em Júpiter, orbe mais adiantado que a Terra, onde a atmosfera e a vida corpórea são menos densas que as de nosso planeta, os envoltórios

[16] Alma astral, neste contexto, é o *linga-sharira*. Contudo, na literatura teosófica, a alma astral é comumente entendida como o kama-manas, que é o *manas* inferior unido a kama-rupa, o quarto princípio humano, a sede das emoções e sentimentos humanos. Essa dupla vem a ser um reflexo do ego superior, o elo entre o corpo e a alma, ou seja, a inteligência operando com a essência do desejo, afetando a alma animal e sendo por esta afetada.

perispirituais devem ser de natureza mais refinada.[17] Se um espírito migra de um globo a outro deverá adotar outro invólucro fluídico mais apropriado à nova situação. A densidade do material perispiritual varia segundo o grau de adiantamento moral do espírito e se modifica a cada encarnação com o crescimento moral adquirido. Assim, os espíritos inferiores têm o invólucro fluídico mais pesado, de sorte que ficam impossibilitados de sair do meio que lhes é mais adequado. Às vezes, são tão grosseiros, que eles o confundem com o corpo físico, passando a agir depois de desencarnados como se ainda estivessem vivos. O fluido etéreo de que se revestem os espíritos tem para eles efeito semelhante ao que a atmosfera tem para os encarnados, os espíritos inferiores não podem suportar o fulgor dos fluidos mais etéreos, assim como, por exemplo, um peixe não poderia viver fora d'água. Os espíritos superiores podem, quando desejam ajudar à humanidade, encarnar-se ou manifestar-se aos habitantes da Terra, construindo seus corpos fluídico e carnal do material constitutivo deste mundo. Os fluidos espirituais que cercam a Terra são diversificados, sendo as camadas inferiores mais compactas e menos puras que as superiores, e os espíritos atraem para si as moléculas mais adequadas à formação de seu perispírito.

Muito embora as partículas constitutivas dos três princípios até agora examinados sejam indestrutíveis, eles não se conservam como entidades isoladas após a morte do corpo físico, pois se dissolvem e retornam à sua origem, deixando de pertencer ao verdadeiro homem que ainda subsiste e é formado pelos princípios superiores.

Kama-rupa (alma animal)

O quarto princípio humano, *kama-rupa*[18], é constituído de substância etérea não perceptível em condições normais e situa-se entre a parte física (formada pelos corpos físico e etéreo) e o princípio espiritual, funcionando como um corpo

[17] *A Doutrina Secreta* corrobora de certa forma a opinião de Kardec sobre a humanidade do planeta Júpiter, conforme pode ser visto em Blavatsky H. P., *A Doutrina Secreta*, 1973, Vol. III, pp. 152 a 153.

[18] Palavra de origem sânscrita formada pela junção de duas outras: *kama*, que significa desejo, volição, afã, apetite, apego à existência; e *rupa*, que quer dizer veículo ou forma.

intermediário que serve de instrumento para *manas*, o quinto princípio humano, atuar no plano material. Ele é a forma subjetiva que o homem apresenta após a morte e que foi criada em consequência dos desejos e pensamentos relacionados com objetivos materiais, isto é, pela vontade de encarnar-se de cada pessoa. Depois de algum tempo na fase *post-mortem*, o *kama-rupa* deverá se dissolver no *kama-loka* (o plano subjetivo onde permanecem por algum tempo as personalidades desencarnadas) e recombinar-se com o *shakti* universal, a luz astral, que é a junção da força e vontade da natureza, ou energia universal.

O *kama-rupa* é uma poderosa força no corpo físico, e o reflexo de sua atuação neste corpo faz-se principalmente através do fígado. Ele não se dirige só para baixo, para o corpo denso, pois também exerce grande influência sobre *manas*, trazendo-o para as coisas práticas da vida. Ao mesmo tempo *manas* tem forte ascendência sobre ele, no sentido de seu controle e aperfeiçoamento.

Este princípio é chamado também de alma animal, na medida em que é o veículo da vontade do ser humano, a sede das emoções, o ponto de convergência e irradiação dos desejos e das paixões terrenas, animais. Esta alma, embora seja o princípio mais elevado dos animais[19], já foi plenamente desenvolvida por quase toda a humanidade, sendo para o homem apenas um princípio intermediário, pois entre *kama* e *manas* situa-se o marco que assinala a fronteira entre a parte mortal e a imortal do homem.

O desejo instintivo e a vontade são as forças criativas do universo, com eles moldamos a nós próprios e ao nosso ambiente. O desejo existe tanto no homem como no animal, sendo ele a força impulsionadora da vida animal. Porém, apenas o homem é dotado da vontade, embora a maioria de nós vivamos no desejo e pelo desejo, imaginando que estamos exercendo a nossa vontade. A vontade provém da consciência espiritual humana e é soberana e estável, com ela criamos a

[19] Os demais princípios dos animais estão em estado germinal, são virtuais. Significa dizer que o espírito, aquilo que evoluciona em cada ser está concentrado, no caso dos animais, em *kama-rupa*; assim como, no caso humano, o espírito, ou vida una, concentra-se em *manas* o quinto princípio.

nossa realidade, o nosso ambiente de forma pura e inteligente. Já o desejo, ao contrário, é irracional e inconstante, com ele criamos de forma cega e imediatista. O homem, para realizar o seu destino de tornar-se um deus, tem de fortalecer a sua vontade espiritual para que ela domine todas as ações e prevaleça sobre os seus desejos impulsivos e impuros. A mesma coisa pode-se falar da fé. A fé sem vontade não produz efeito, é como um motor sem combustível. Ao contrário da fé, a vontade obstinada é capaz de produzir toda espécie de fenômeno, e não apenas psíquico, mas também físico. Essa força da vontade é *kriyashakti*, o poder misterioso da ioga.

Porque kama aprimora-se paulatinamente no contato com *manas*, somos tentados erroneamente a considerar *kama-rupa* como um princípio menos importante que o princípio mental. Ele é, contudo, uma mola impulsionadora do curso da evolução, sendo também imprescindível para todo ser humano.

Manas (alma humana)

O quinto princípio humano, *manas*, também chamado de alma humana, ou ego reencarnante, é a sede da razão e da memória. É a faculdade mental, aquilo que pensa em nós. O espírito superior e a matéria inferior estão unidos pelo intelecto. *Manas*, como mediador entre o espírito e o homem é, portanto, o veículo de *atma-buddhi* (sétimo e sexto princípios conjugados). Ele procede da *mahat*, a onisciência manifestada. Por isso, *mahat* é a essência da mente universal encarnada no homem, cuja atuação neste estado está circunscrita às limitações do cérebro físico.

A consciência é uma propriedade da alma humana, que é o princípio senciente. A alma continua desenvolvendo atividades conscientes no nível mais profundo ainda quando o corpo físico esteja paralisado ou adormecido. Às vezes movimentamos um órgão, como o braço ou a perna, em gestos que parecem involuntários, mas que, de fato, obedecem a um propósito da alma que nossos sentidos comuns não podem acompanhar devido ao brevíssimo interregno entre a manifestação da vontade e a sua execução.

É através de *manas* que o ser humano obtém a possibilidade de autoperceber-se, isto é, de descobrir a sua verdadeira natureza. Mas essa qualidade não é algo automático que surja no momento do nascimento. Ela é apenas uma possibilidade, e o homem precisa desenvolvê-la permanentemente para assim galgar níveis graduados de autoconsciência.

Salvo raríssimas exceções, a humanidade ainda está longe de ter desenvolvido plenamente o quinto princípio. Devido a sua grande complexidade, diz-se que esse princípio apresenta dupla natureza (a superior e a inferior). O *manas* Inferior, às vezes chamado também de mente concreta, está ligado inseparavelmente à alma animal (*kama-rupa*), e a essa ligação denomina-se kama-*manas*, ou ego pessoal, sendo a inteligência habitual do cérebro humano. O eu pessoal, composto dos princípios inferiores, é dependente do meio e condicionado à memória física. Nesse nível de consciência, que prevalece em quase toda a humanidade, a mente ocupa-se com o mundo dos cinco sentidos, e a inteligência é aplicada na satisfação de desejos meramente egoísticos e passionais, na realização pessoal, na exploração dos sentidos na busca de prazeres, que pode ser bestial quando levada às últimas consequências. Sob o ponto de vista da personalidade a mente é, portanto, o primeiro princípio, embora seja o quinto quando o homem é visto como um todo, um microcosmo. Já a outra parte, o *manas* superior, é o princípio responsável por desenvolver o que há de mais elevado no ser humano, como o amor sublime, a compaixão, o desprendimento, qualidades que raramente se manifestam plenamente no período atual da humanidade. É essa parte de *manas* que dá o toque individualizante ao ser, permitindo à personalidade reconhecer-se como um eu, além de possibilitar a comunicação com as configurações e os fenômenos mais transcendentes da natureza. Esse aspecto mais nobre da mente é o princípio imortal e permanente da egoidade, o qual mantém o acervo dos conhecimentos adquiridos e as lembranças das impressões, ideias e experiências mais puras e elevadas que tenham sido vivenciadas pelo ego reencarnante nos repetidos nascimentos na Terra.

Manas, ao associar-se com *buddhi* (o sexto princípio), forma o conjunto *buddhi-manas*, que é o princípio dual e imortal da consciência que se reencarna ciclicamente. *Manas* é chamado ego espiritual quando se refere à sua união com *atma-buddhi*, formando o conjunto *atma-buddhi-manas* (espírito-alma-mente), que é a verdadeira individualidade, o homem divino, o nosso âmago irredutível. Sem *manas* a mônada desencarnada seria inconsciente no *devachan*. É *manas* quem faz da forma humana um homem, ainda que esteja inconsciente da mônada dual (*atma-buddhi*). É ele quem domina o corpo em que se encarna e que é responsabilizado por todos os atos, quer bons ou maus, perpetrados pelas personalidades que assume, cada uma delas a efêmera fachada sob a qual ele se oculta numa sequência infindável de renascimentos, que é consequência do carma. Assim, associada aos princípios superiores, a mônada individual, ou ego individual, experiencia uma série de vidas, tomando a forma de diferentes entidades pessoais, que, consideradas no seu conjunto, formam a individualidade.

Depois de muitas reencarnações, o princípio mental aperfeiçoa-se a tal ponto que passa a refletir apenas *manas* superior, e a consciência do homem assim purificado penetra no sexto princípio, *buddhi*, e ele se torna um *mahatma*, isto é, um ser sublime, generoso, benevolente, dotado de grande visão espiritual e intuição notável, despertando poderes ocultos extraordinários como clarividência e transmissão de pensamentos. Não significa isto, contudo, que o *mahatma* deixe de agir com o quarto e o quinto princípios, pois que estes são indispensáveis para sua atuação no mundo. No entanto, como um ente do sexto princípio, ele adquiriu pleno controle dos princípios que estão abaixo, realizando todos os seus atributos, e deixou de ser subserviente ao seu eu menor, pois sua consciência já não repousa naqueles níveis mais básicos onde habitou durante muito tempo no seu longo processo de evolução. Ele já não está mais preso aos desejos e limitações do ego e agora atua junto à humanidade a partir de um plano e uma visão muito superiores, considerando-a como um todo, sem distinções e liberto de preferências e gostos pessoais.

A teosofia defende que as primeiras manifestações do Uno, que são logos e *Mulaprakriti* , ou Espírito e Matéria, a polaridade prevalecente no *manvantara*, são as duas faces de uma mesma Realidade, que subjaz à realidade fenomenal e ilusória do universo objetivo e subjetivo. Enquanto perdurar o *manvantara*, essa polaridade será um fato inconteste, e só quando o universo se recolher à sua essência durante o *pralaya* é que deverá prevalecer o incomparável *Parabrahman*, a Realidade Única incognoscível. Para o ocultista, a causa numênica da consciência terrena do ser humano é a mônada, o princípio *buddhi-manas*. Quando este princípio imortal se utiliza da matéria cerebral, e o faz com a parte inferior de *manas* (o *manas* inferior, ou eu inferior *kamamanásico*), resulta a personalidade mortal. Obviamente, sem o cérebro, a mente (*manas*) não poderia se exprimir e ter consciência no nosso mundo objetivo, pois este órgão é o instrumento adequado de que se vale a mônada para expressar-se neste mundo como um ser fenomenal, que é a personalidade, ou consciência cerebral. O cérebro precisa estar, por conseguinte, íntegro para que se estabeleça uma perfeita sintonia entre o ser transcendental (*buddhi-manas*), imortal, que se transforma no mundo objetivo na personalidade, o ser transitório que é o reflexo distorcido daquele e que é responsável pelo carma que gera.

Pode-se dizer, nesse contexto, que há três opiniões básicas sobre a origem do pensamento: os materialistas afirmam que mudanças nas moléculas do cérebro são as responsáveis pelas mudanças no pensamento; as correntes espiritualistas, onde se incluem os monistas teosóficos, alegam que são as alterações mentais que produzem as modificações moleculares, ou seja, cada parte da massa encefálica reage diferenciadamente ao tipo particular de expressão mental do verdadeiro eu; os monistas materialistas adotam uma posição intermediária, falaciosa e evasiva, argumentando que não existe relação entre as duas alterações, já que tanto o mental quanto o físico são aspectos de uma mesma realidade, modalidades de uma única energia. Por conseguinte, uma pessoa é uma energia dotada de dois modos de expressão, a física e a mental, que não são intrinsecamente distintos entre si nem independentes. O esoterismo considera a primeira hipótese, a materialista, desacreditada, pois que não vê nenhum argumento consistente que a possa sustentar. A terceira opinião, o monismo materialista, reporta-se à chamada teoria do duplo aspecto, ou dualismo aparente, formulada por Spinosa e defendida por Clifford, Bain, Lewes e Huxley, dentre outros evolucionistas. Essa interpretação é uma espécie de fuga para contornar a dificuldade de explicar-se os fenômenos da mente pelos princípios materialistas da evolução. Segundo Blavatsky, tal "teoria de uma substância mental e material envolve necessariamente a doutrina da aniquilação e é, portanto, falsa."[20] O monismo é qualquer doutrina que tenha como premissa a existência de um princípio subjacente, sendo que essa ideia permite uma grande variedade de interpretações.

Buddhi **(alma espiritual)**

Quais devem ser as ideias diretoras de nossas vidas, o que nos faz verdadeiramente felizes, como resolver nossos conflitos morais, qual o significado de estarmos aqui? O intelecto, a nossa mente, ou manas, não encontra a resposta. Ele não nos possibilita vislumbrar claramente a insignificância de uma vida devotada às satisfações materiais, não é o órgão apropriado ou suficiente para responder as indagações mais profundas sobre o significado da vida. A resposta encontra-se em buddhi, a faculdade espiritual superior que a psicologia chama vagamente de intuição, da qual cada um de nós é inerentemente dotado, mas que pouco utiliza na atual fase do desenvolvimento humano. O intelecto só pode atuar satisfatoriamente e perceber a significação mais profunda das coisas quando está iluminado por buddhi. Para sermos coerentes frente a todas as questões que a vida nos coloca e libertar-nos da limitação mental é necessária a atuação de buddhi, que precisa ser despertado, trazido à tona, clareado. E isso só se consegue quando se está trilhando a senda espiritual. É preciso desabrochar buddhi para que ele possa ser o órgão orientador da nossa vida, sem o que vamos nos extraviar. E para trilhar a senda espiritual, é indispensável uma vida pura e centrada nas coisas do espírito, sem dar espaço ao fingi-

[20] Psychology, The Science Of The Soul (Psicologia, a ciência da alma), artigo de outubro de 1896 publicado na revista Lucifer da Sociedade Teosófica em Londres.

mento ou enganação de uma vida calcada em falsos valores. Só assim, com buddhi iluminando manas, poderemos alcançar a percepção da realidade e nos realizarmos como seres humanos.

O sexto princípio humano é, por conseguinte, *buddhi*, a razão pura, que se situa acima da capacidade mental, por estar no plano intuitivo. É ele que proporciona o discernimento espiritual pelo qual o homem alcança o conhecimento direto sem necessidade de raciocínio e análise, sem o uso da mente. Ele é o veículo de *atma*, a energia irradiada do sétimo princípio cósmico e que se incorpora como um princípio humano, ou seja, é uma emanação da mente universal, também chamada *mahat*. *Buddhi* se une a *mahat* pela ação de *fohat*, isto é, pelo poder elétrico do amor universal. Embora seja totalmente imaterial do nosso ponto de vista, por ser formado da essência da matéria sutilíssima do sexto e do sétimo estados da matéria, *buddhi* é, de fato, material relativamente a *atma*, o espírito divino e universal que lhe dá alma e que ele reflete.

É através de *buddhi* que *atma*, a sua síntese, toma substância, sendo o par *atma-buddhi* considerado um princípio eterno e imortal denominado alma espiritual. Essa díade é reconhecida também como a mônada, visto ser um centro individualizado de força espiritual que se nutre de *atma*, a energia universal derivada do sétimo princípio cósmico. Porque se origina do logos, um princípio senciente e espiritual, a mais elevada qualidade da mônada é a consciência e não o pensamento. A justaposição de *atma* e *buddhi*, a alma divina não forma propriamente um ser; pois, por sua insubstancialidade, carece de forma e não está confinada a um único lugar. Mesmo estando dentro do corpo físico, a alma espiritual dele se distingue e está livre de suas limitações, mas seguramente paira sobre os cinco demais princípios humanos.

Se com *buddhi* alcançamos a percepção espiritual, o discernimento intuitivo e imediato que clarifica a realidade sem o uso da razão, sem ele seríamos uma entidade malévola, teríamos intelecto, mas não consciência. Com essa alma superior alcançamos as percepções puramente abstratas, como o conceito do belo, o amor profundo à humanidade e outros sentimentos genuinamente espirituais que preenchem o nosso ser interior durante os momentos de intenso prazer ou mesmo de dor. Pensa-se, às vezes, que o intelecto é quem está no comando, mas para ele se tornar o senhor tem antes que receber a luz e a vida que procedem da alma espiritual (*atma-buddhi*). A mente pode ser posta para trabalhar em altíssima velocidade, mas no mundo de *buddhi*, o plano da intuição, as coisas só funcionam se prevalecer a calma, se não houver excitação.

Buddhi é um princípio passivo apenas quando enfocado como o veículo de *atma*, o espírito supremo. Mas é um princípio ativo quando visto como kundalini, uma força eletroespiritual, também chamada de poder ígneo, que está latente em todos os seres. Essa força da natureza, quando colocada em atividade, é uma potência que tanto pode criar como destruir. Ela produz iluminação nas pessoas que se dispõem ao desenvolvimento espiritual e à clarividência, sendo o poder místico dos iogues. Mas, pelos riscos envolvidos, kundalini deve ser ativada com muito cuidado e sabedoria.

No plano material, onde está focada normalmente nossa consciência, *buddhi* não é uma faculdade racional individualizada, antes é algo indiferenciado e, de nossa perspectiva humana, pode ser considerado como destituído de qualquer atributo, mas que se torna ativo quando recebe as qualidades racionais que provêm de *manas* (a mente superior), o quinto princípio humano, o *nous* de que fala Platão, isto é, torna-se consciente por aquilo que assimila de *manas* ao longo do processo reencarnatório. Dessa forma, ao atuar junto com *manas*, ele se individualiza e se converte num ego, pois, antes disso, era apenas um veículo de *atma*.

Buddhi (impregnado obviamente de *atma*) influencia, por sua vez, a mente humana, e o conjunto *buddhi-manas* vem a ser o eu superior do homem, ou eu espiritual e ego (self) espiritual. Esse princípio dual que resulta da união do quinto e do sexto princípios é a consciência que conecta *atma* com a personalidade que o representa na Terra. É *buddhi-manas* quem permite ao self superior (*atma-buddhi*) habitar na matéria, isto é, possibilita que a razão humana seja iluminada pela luz do espírito. Esse conjunto acumula em si o resultado das experiências vividas pela personalidade (ego), que se tornam as causas que delineiam as vidas futuras a serem experimentadas por cada indivíduo em virtude de seu carma, daí ser denominado também de corpo causal, ou *karana-sharira*.

É esse eu superior quem faz da forma humana inconsciente e impassível o ser moral e consciente a que já nos referimos. Ele é o Christos dos gnósticos ou o "Cristo em vós" que São Paulo afirma ser nossa "esperança de glória" (Colossenses 1:27), podendo ser identificado também com o Anjo Gabriel, "o mensageiro da vida". Os ocultistas simbolizavam o eu superior ("o deus dentro de nós", o homem interno) na figura mágica do pentagrama, ou pentáculo, a estrela de cinco pontas formada a partir da ligação de cinco letras relacionadas com realidades poderosas e invisíveis. Filósofos neoplatônicos e alguns místicos medievais garantiam que a união com a divindade poderia ser alcançada por intermédio da teurgia, ou ocultismo, a ciência que permite ao eu superior se comunicar com o seu eu inferior. É incorreto, entretanto, a suposição de que Cristo seja *buddhi*, como se costuma supor às vezes. Como já afirmado, *buddhi* sozinho, o sexto princípio, é passivo e latente. Associado a *atma* e a *manas*, ele se torna o eu superior.[21]

O Deus supremo, isto é, o "Deus em vosso corpo" de que fala São Paulo (1 Coríntios 6:19), ou a alma superior do ser humano, como é conhecida a junção de *atma* e *buddhi*, é uma presença quase imperceptível nas pessoas comuns, é como a luz difusa existente na aurora. Ainda assim, a tênue luz desta alma superior traz inspirações e ensinamentos. Ela equivale ao anjo da guarda da Igreja católica, pois está sempre e naturalmente conosco e nos envolve e protege. Por outro lado, a habilidade de forçar a comunicação entre 'Deus' e a alma humana, que é a teurgia prática, foi sempre recurso utilizado pelos místicos devidamente preparadas para esse contato que investigam a fundo os mistérios da natureza e do ser humano. O acesso a esse segredo é fornecido pela teofania, que é, na perspectiva do esoterismo, a integração completa e harmoniosa do eu superior (a divindade pessoal) na parte finita do ini-

[21] (Blavatsky H. P., *A Doutrina Secreta*, 1973, Vol. III – p. 249 – Nota 15).

ciado, a união do Pai com o Filho. Quando isso ocorre, a alma superior, ou *atma-buddhi*, passa a atuar plenamente no teurgista, fazendo-lhe revelações, e ele se transfigura em 'Deus', obtendo relativa onisciência e onipotência. Nesse momento em que alma mortal funde-se com a imortal, o teurgo entra num elevado estado de exaltação mística e torna-se completamente divino, com a sabedoria celeste transbordando para o receptáculo humano. Tal estado hipostático de avatar pode se dar por um tempo determinado ou mesmo ser permanente, dependendo do merecimento pessoal. No último caso, muitíssimo raro, como aconteceu com Gautama Buda, a ocupação do corpo do místico pela alma superior é para o resto da vida, e ele passa a ser definitivamente o "templo de Deus" referido pelo Apóstolo Paulo (1 Coríntios 3:17).

A rigor, o deus pessoal não é, entretanto, a mônada dual *atma-buddhi*, mas sim um daqueles seres primordiais, os arquétipos celestiais de todos os mortais, os dhyani-buddhas, de onde emanam as mônadas humanas. Eles dão origem ou causa a estas mônadas e, por isso, são a sua alma causal, ou *karanatma*. As mônadas, ou egos, formam-se a partir daqueles protótipos e vão se fortalecendo aos poucos, ao longo do ciclo de encarnações, por meio de constantes aportes à individualidade (formada pelos três princípios superiores) de qualidades obtidas pelas personalidades que o indivíduo assume. Significa dizer que *atma-buddhi* absorve, por intermédio do *manas* superior, o extrato benfazejo de cada personalidade.

Como ainda não desenvolvemos plenamente o quinto princípio, é natural que o sexto (*buddhi*) apenas sobrepaire sobre a humanidade em geral e seja antes uma potencialidade, um germe que deverá brotar num futuro longínquo. Fazer medrar este princípio deve ser a maior aspiração natural dos seres humanos. E quando a consciência humana penetrar o sétimo princípio (*atma*), o homem deixará de ser humano e se converterá em deus. Esse é o formidável porvir da humanidade.

É por isso que o verdadeiro místico cultua a essência divina una existente em todas as coisas e não as divindades antropomórficas das religiões, reverenciando também, sem qualquer resquício de idolatria, os deuses superiores e inferiores que formam as sete grandes hierarquias derivadas dessa essência. Os mestres têm enfatizado a ideia de que compreender a natureza e a essência do sexto princípio do universo e do homem é assenhorar-se do maior mistério deste nosso mundo.

Atma **(espírito)**

Atma é o nominativo singular de Atman (sânscrito), que vem a ser o espírito universal, a mônada divina, a alma cósmica, a única realidade que se manifesta em todos os planos, sendo, por isso mesmo, também o sétimo princípio da constituição do homem, do qual se derivam todos os seus demais. O *atma*, o espírito propriamente dito, a parte mais abstrata do ser humano não é uma entidade *per se*, haja vista ser em última análise, constituído da essência divina indiferenciada, não individualizada, do próprio Incognoscível, sem forma nem corpo, invisível e imponderável, o *Parabrahman*. *Atma* pode ser entendido também como uma emanação inseparável do Espírito Universal, pois se origina na luz do logos, a emanação do primeiro logos.

Em outras palavras, *atma*, a consciência individual, é essencialmente idêntica à consciência do Todo. Ele é o fundamento real e eterno de tudo, essência e conhecimento absoluto, o Espírito supremo e consciente que se encontra em todos os seres, inclusive em nós. E *atma* em nós costuma ser chamado também de eu superior e mônada divina, em que pese a expressão mônada, em ocultismo, significar quase sempre a tríade *atma-buddhi-manas*, que é, na realidade, uma derivação direta daquela Unidade ininteligível.

Atma é cósmico, pois está presente em todos os pontos do universo, sendo o mesmo não só para os homens como para todos os reinos e planos da natureza. Como dissemos, ele não é rigorosamente um princípio humano. Ninguém tem um sétimo princípio exclusivamente seu, pois *atma* está em tudo o que existe; ele sobrepaira, acolhe e nutre misteriosamente todas as coisas. Mas, para nós, ele é como um raio do Sol, que, apesar de aquecer-nos individualmente, continua ainda sendo luz daquele astro. Embora esteja presente em todo o lugar, ele só será sentido se houver alguma coisa que o possa absorver e incorporar. *Atma* existirá para cada um de nós na mesma proporção que tivermos desenvolvido *buddhi*. Da mesma forma, *atma* e *buddhi* só fazem sentido para o corpo humano se houver uma consciência para assimilá-los, de nada adianta chover se não houver sobre o solo desértico uma planta ou uma semente que se beneficie da chuva. *Atma* é onisciente, mas atua apenas indiretamente na natureza humana por intermédio de irradiações luminosas no homem interno, pois se pudesse manifestar-se continuamente não haveria homens na Terra, mas deuses. Nem *atma* nem *buddhi* são alcançados pelo carma, pois *atma* é o aspecto superior do carma, a raiz ou causa suprema reguladora de todas as coisas, o agente ativo de si mesmo; e *buddhi*, por outro lado, é inconsciente no plano material.

Em síntese, a alma do homem apresenta-se sob três aspectos: 'a alma animal', que deixa de existir algum tempo após a morte; 'a alma humana', *manas*, que é o princípio que o humaniza, mas que só tem preservada na fase *post-mortem* a parte mais nobre, o *manas* superior, aquela que desenvolve as qualidades mais elevadas tais como amor, misericórdia, altruísmo, abnegação; e 'a alma espiritual' (*atma-buddhi*), que é divina e imortal, embora só tome consciência de sua divindade com a assimilação de *manas* superior. O espírito humano, a individualidade, ou tríade superior (*atma-buddhi-manas*), cujos atributos são consciência, memória, mente e amor, é um ser, uma entidade separada, distinta, uma individualização; enquanto *atma-buddhi*, a alma espiritual é um alento preexistente, parte inconsciente do Todo inteligente. O que reencarna é o ego espiritual pensante, o princípio permanente no homem, que é o centro de *manas*; não é *atma* ou *atma-buddhi* (a mônada dual), o homem divino, mas *manas*, pois *atma* é o todo universal e torna-se o eu superior do homem apenas quando atua em conjunto com *buddhi*, o seu veículo, aquele que o liga à individualidade. Apenas aquilo que está indissoluvelmente ligado a *buddhi-manas* é imortal, logo a alma terrestre, a personalidade, é mortal e passageira.

Em sua tríplice composição, o homem é um microcosmo, porquanto seu corpo, sua alma e seu espírito estão intrinsecamente ligados ao universo e o manifestam. O corpo denso mantém completa e permanente interação com elementos da Terra, a alma reflete harmoniosamente a luz astral que permeia o cosmo, e o espírito é uma das incontáveis centelhas da luz espiritual do mundo coagulada em um ser humano, um raio ínfimo procedente do Ego Universal. A alma espiritual, ou divina, do homem, seu sexto princípio, chamado *buddhi*, é uma emanação da alma do mundo, a alma espiritual universal (*alaya*, ou *anima mundi*), o sexto princípio cósmico, por isso essa alma é chamada a mãe da misericórdia e da sabedoria, já que de *buddhi*, através do centro de força existente no topo da cabeça, o *chakra* coronário, fluem para o corpo humano as águas da vida (a sabedoria e ensinamentos ocultos) para o benefício e a regeneração da alma humana. *Buddhi*, sendo um raio, uma partícula irradiada daquela alma, é, por conseguinte, da pura essência do *akasha*, o sétimo e mais elevado elemento ou princípio cósmico, não se diferenciando nem se transformando em outra coisa qualquer.

Uma lei natural determina que o Ego do homem (o seu eu superior) permaneça cativo, dominado pelo eu (ego) inferior, a personalidade, a menos que se refugie em *atman*. Estão dadas aí as duas variáveis que determinam o impulso evolutivo humano no sentido da perfeição, quais sejam, a mônada e o eu inferior, uma empurrando para o progresso e outra retendo aquele impulso. A mônada, é dotada da força impulsionadora, podendo-se dizer que ela é a força propriamente dita, a qual é independente e toda poderosa em seu mundo, o plano sem forma, ou *arupa*. Porém, quando toldada, aprisionada ou individualizada, num corpo ou forma, seja humano, animal ou vegetal, torna-se inativa, e a sua essência demasiadamente pura permanece apenas uma potência universal. O Sol, apesar de toda a sua prodigalidade e grandeza, não consegue aquecer um animal ou ajudar na nutrição de uma planta que sejam postos à sombra. Aquele astro só poderá favorecer os seres que forem expostos aos seus raios. Da mesma forma, é preciso que o Ego se volte, oriente-se, para o seu sol interior, a mônada (*atman*), a fim de que o eu inferior perca o predomínio e deixe de exercer a sua tendência natural, quase irrefreável, para a vida mundana, puramente dedicada aos prazeres materiais, o que o faz pela força de *tanha*, o impulso instintivo para experimentar impressões sensoriais.

Além da forma de apresentação dos princípios adotada neste trabalho, que é a mesma adotada pelo budismo esotérico, há outros ângulos e respectivos modos de exposição por diversos sistemas filosóficos orientais, como a vedanta e a raja yoga, que são, às vezes, até mais apropriados sob um prisma metafísico, mas que são menos adequados para efeitos didáticos. Mas, todos defendem essencialmente a mesma coisa. Como um princípio inferior (mais material) é a base, ou veículo (*upadhi*), de manifestação de outro princípio mais espiritual, então os princípios são agrupados e renomeados de acordo com a função conjunta que exercem. Assim, por exemplo, a apresentação eminentemente prática da raja yoga fala na existência de três *upadhis* (ou bases) distintas através das quais *atma* (espírito) pode atuar de forma direta e independente. Nesse caso, os três primeiros princípios da classificação budista (sthula sharira, duplo etérico e prana) são agrupados e denominados *sthulopadhi*, e fornecem a base material de atuação do espírito; a segunda base, denominada *sukshmopadhi* é formada pelo *kama-rupa* e pela mente, o veículo do poder volitivo e da energia mental; e, finalmente, a terceira base, denominada *karanopadhi*, é formada por *buddhi*, a alma espiritual. O assunto será estendido quando tratarmos das cadeias planetárias. Um *adepto* tem conhecimento suficiente para atuar, sem qualquer risco, com cada uma dessas bases separadamente, o que não é possível fazer com cada um dos princípios isoladamente.

O homem setenário, o *saptaparna* na linguagem oculta, é simbolizado por uma figura geométrica formada por um quadrado encimado por um triângulo. O quadrado representa o quaternário inferior; e o triângulo, a tríade superior. Esse emblema tem um equivalente no tau grego (τ), cujo feitio é resultado da junção do número sete (7) à letra grega gama (γ). O tau significava a vida terrestre associada à vida eterna, pois que

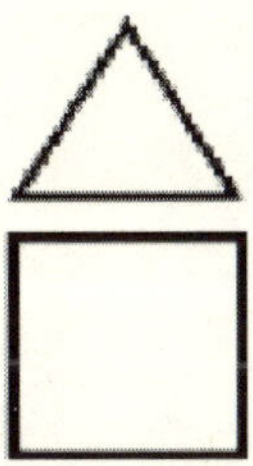

a letra gama era símbolo da terra (gaia) ou da vida terrena, enquanto o número sete representava essa vida entrelaçada com a vida divina. O homem é a união do três, a sua parte espiritual e invisível, com o quatro, o seu aspecto material quádruplo, e os dois representam, respectivamente, espírito e matéria, macho e fêmea. Para ser compreendido, homem tem, por isso, que ser estudado em sua inteireza, tem de ser visto como um setenário e não apenas como o quaternário inferior, mais evidente. A natureza material do ser humano é apenas o efeito de causas mais profundas que estão veladas na sua natureza espiritual. O mesmo acontece com a natureza em geral: o conhecimento completo das inteiras possibilidades da matéria depende do escrutínio de suas causas primárias, geralmente negligenciadas pela ciência.[22]

[22] (Blavatsky H. P., *A Doutrina Secreta*, 1973, Vol. IV - p. 161).

O pensamento de Blavatsky sobre os elementais[1]

HELENA BLAVATSKY

No momento em que este ensaio foi publicado nas páginas de *Lucifer*, Annie Besant o prefaciou com as seguintes observações: 'HPB está muito doente para escrever seu editorial usual, o seguinte artigo, escrito por ela há mais de dois anos e não publicado, é selecionado para ocupar o seu lugar.' Alguns anos mais tarde, em junho de 1896, *Lucifer* publicou um ensaio sob o título de Espíritos de Vários Tipos, que se revelou idêntico ao mencionado acima, mas com alguns parágrafos adicionais, principalmente no final. Publicamos Pensamentos a Respeito dos Elementais tal como apareceu em maio de 1890, inserindo o material adicionado onde quer que seja encontrado na reimpressão posterior. [O Compilador].

Foram devotados anos inteiros pela escritora ao estudo destes seres invisíveis – conscientes, semiconscientes e inteiramente imperceptíveis – chamados por vários nomes em todos os países sob o Sol e conhecidos sob o nome genérico de "espíritos". Só a nomenclatura aplicada a esses habitantes das esferas pela Igreja Católica Romana, boa ou má, é eterna. A grande cronologia de seus nomes simbólicos é um estudo.

[1] O presente artigo de Blavatsky, denominado originalmente "Thoughts on the Elementals", publicado pela revista *Lucife*, vol. VI, n° 33, maio de 1890, pp. 177-188, corresponde *ipsis litteris* a capítulo do mesmo (p. 166) do livro *Habitantes dos Mundos Invisíveis*, de Edilson A. Pedrosa, **EDITORA DO CONHECIMENTO**.

Abra qualquer relato da criação no primeiro Purana que lhe venha à mão e veja a variedade de denominações conferidas a essas criaturas divinas e semidivinas (o produto dos dois tipos de criação – a *Prakrita* e a *Vaikrita*, ou *Padma*; a primária e a secundária), todas evoluídas do corpo de Brahmâ. Apenas os *urdhvasrotas*,[2] da terceira criação, abarcam uma variedade de seres com características e idiossincrasias suficientes para o estudo de toda uma vida.

O mesmo sucede com os relatos egípcios, caldeus, gregos, fenícios ou qualquer outro. As hostes dessas criaturas são inumeráveis. Os velhos pagãos, no entanto, especialmente os neoplatônicos de Alexandria, sabiam no que acreditavam e distinguiam as suas diferentes ordens. Nenhum deles os considerava sob um ponto de vista tão sectário quanto o adotado pelas igrejas cristãs. Eles, pelo contrário, se ocupavam com esses seres com um conhecimento muito maior, pois faziam uma distinção bem melhor de suas diferentes naturezas do que eram capazes de fazer os Padres da Igreja. De acordo com a política adotada por estes últimos, todos os anjos que não haviam sido reconhecidos como servidores do Jeová judaico - foram proclamados demônios.

Os efeitos dessa crença, depois transformada em dogma, encontram-se agora no carma de muitos milhões de espiritualistas criados e educados nas crenças de suas respectivas Igrejas. Ainda que um espiritualista tenha se divorciado há muito tempo de crenças teológicas e clericais, ainda que seja um cristão liberal ou não liberal, um deísta ou um ateu, que tenha rejeitado com muita sabedoria toda a crença nos demônios e que seja muito razoável para considerar os seus visitantes como anjos puros, e tenha aceito o que pensa ser um fundamento razoável - ainda assim não reconhecerá nenhum outro espírito a não ser o dos mortos.

Este é o seu carma e também o das igrejas coletivamente. Nestas últimas, são naturais o preconceito e um fanatismo mui teimosos; é a política deles. No espiritualismo livre, é imperdoável. Não pode haver duas opiniões sobre esse assun-

[2] Os *urdhvasrotas*, os deuses, chamados assim porque só a visão do alimento é para eles como o comer; "pois há satisfação na mera observação da ambrosia", diz o comentarista do *Vishnu-Purana*.

to. É a crença completa ou a incredulidade total na existência dos "espíritos". Se um homem é cético e incrédulo, não temos nada a dizer. Uma vez que ele acredite em fantasmas e espíritos, muda a questão. Não há homem ou mulher que esteja livre de todo preconceito e de ideias preconcebidas que possa acreditar que num infinito de vida e ser - digamos apenas em nosso sistema solar –, em todo o espaço ilimitado em que o espírita localiza o seu *summerland* [3], haja apenas duas ordens de seres conscientes: os homens e os seus espíritos (mortais encarnados e imortais desencarnados). O futuro tem reservado para a humanidade surpresas estranhas, e a teosofia, ou melhor, os seus adeptos serão plenamente desagravados em um dia não muito distante. Não há porque tratar de uma questão tão discutida pelos teósofos e que somente tem trazido opróbrio, perseguição e inimizade aos escritores.

Portanto, não sairemos do nosso caminho para dizer muito mais. Os elementais e os elementares dos cabalistas e teósofos têm sido suficientemente ridiculizados. Desde Pórfiro até os demonólogos dos séculos passados, tem sido aportado fato após fato e dado grande número de provas, mas com tão pouco efeito quanto um conto de fadas relatado a crianças. Um livro estranho do velho Conde de Gabalis, imortalizado pelo abade de Villars e agora traduzido e publicado em Bath. Aconselho àqueles com senso humorístico a lê-lo e a refletir sobre ele. Este conselho é oferecido com o objetivo de fazer um paralelo. A escritora leu isso anos atrás e já volta a ler novamente agora com tanto e muito mais atenção do que da primeira vez. Sua humilde opinião no que diz respeito à obra - se alguém se preocupa em sabê-la - é que se pode procurar por meses e nunca encontrar a demarcação entre os "espíritos" das sessões espíritas e os silfos e as ondinas daquele satírico francês.

Há algo que soa de forma sinistra nas brincadeiras e sarcasmos joviais de seu autor, que, ao apontar o dedo de ridículo para o que ele acreditava, teria tido provavelmente um pressentimento da aceleração de seu próprio carma na forma de assassinato.[4]

---

[3] Terra de verão, um lugar lindo e tranquilo, espécie de paraíso para os espíritas americanos. [Nota do tradutor].

[4] O trabalho foi publicado em Paris em 1670 e, em 1675 o autor foi cruelmente

A maneira como ele apresenta o Conde de Gabalis é digna de atenção.

Fiquei atônito num dia memorável quando vi um homem entrar com uma postura muita digna, que, saudando-me gravemente, disse-me em língua francesa, mas com o sotaque estrangeiro: "Adore meu filho, adore ao Deus maior dos sábios e não se deixe engasgar com o orgulho, porque ele envia para você um dos filhos da sabedoria para converter você em um membro da sociedade e fazer você participar das maravilhas da Onipotência".[5]

Há apenas uma resposta para aqueles que, enfatizando trabalhos semelhantes, riem do ocultismo. *Servitissimo* é a frase nojenta em sua "Cartas para meu Senhor" introdutória à obra acima mencionada.

> Eu o teria persuadido [o autor de Conde de Gabalis] a mudar completamente a forma de seu trabalho", ele escreveu, "pois essa maneira burlesca de tratá-la não me parece adequada para o assunto. Esses mistérios da cabala são coisas sérias, que muitos dos meus amigos estudam seriamente; .... os bruxos são certamente demasiados perigosos para serem tratados com brincadeiras.

Verbum sat sapienti [est].[6]

Eles são "perigosos", sem dúvida alguma. Mas, desde que a história começou a registrar pensamentos e fatos, a metade da humanidade tem zombado da outra metade, ridicularizando suas crenças mais caras. Isso, no entanto, não pode transformar um fato numa ficção nem tampouco pode destruir os silfos, as ondinas e os gnomos, se de fato existem na natureza; pois, associados com as salamandras, estes últimos poderiam destruir os incrédulos e prejudicar as companhias de seguro, apesar destas acreditarem menos em salamandras vingativas do que nos incêndios produzidos por acaso e aci-

---

assassinado em sua viagem a Lyons a partir de Languedoc, seu país natal.

[5] 'Submundanos, ou os Elementares da Cabala' é a história dos espíritos, físico-astro-mística, reimpressa do texto do Abade de Villarsonde, que assegura a existência na Terra de criaturas racionais além do homem. Robert H. Fryer, Bath 1886.

[6] "Uma palavra para o sábio é suficiente". [Nota do tradutor].

dentes.

Os teósofos acreditam nos espíritos tanto quanto os espíritas, mas creem que são tão diferentes em suas variações quanto os bandos de pássaros no ar. Há gaviões sanguinários e morcegos vampiros entre eles, assim como há pombas e rouxinóis. Eles acreditam em "anjos", pois muitos os viram

> ... à cabeceira do doente.
> – De quem foi o tom suave e o piso silencioso?
> Onde os corações feridos destilavam como o salgueiro,
> Eles vagavam entre os vivos e os mortos.

Porém, essas não eram as materializações com três dedos nos pés feitas pelos médiuns modernos. Ainda que nossas doutrinas fossem todas absorvidas pelas «pilérias» de um Villars, isso não seria prova contra as reivindicações dos ocultistas de que seus ensinamentos são fatos históricos e científicos, sejam quais forem as formas com que são apresentadas ao profano. Desde que os primeiros reis começaram a reinar «pela graça de Deus», sucederam-se inúmeras gerações de bufões designados para divertir majestades e altezas; e a maioria desses indivíduos desprezados teve mais sabedoria no fundo de seus chapéus e na ponta de seus dedos que todos os seus mestres reais juntos com suas cabeças sem cérebro. Só eles tinham o inestimável privilégio de falar a verdade nas cortes, e estas verdades sempre foram causa de risos... Essa é uma digressão, mas obras como a do Conde de Gabalis devem ser analisadas devagar e mostrado o seu verdadeiro caráter, pois, se assim não fosse, serviriam como martelo para pulverizar as obras que não assumem um tom humorístico quando falam de coisas misteriosas, senão completamente sagradas, e eles dizem que é o caso. Assegura-se muito positivamente que há mais verdades pronunciadas nas espirituosas burlas e gaiatices daquela «sátira», cheia de fatos eminentemente ocultistas e reais, do que a maioria das pessoas, e especialmente os espíritas, pode imaginar. Um único fato tomado como exemplo, cuja existência se evidencia na atualidade entre os médiuns, será suficiente para provar que estamos certos.

Foi dito em outro lugar que a magia branca difere muito

pouco das práticas de feitiçaria, exceto nos efeitos e resultados – a motivação boa ou má é tudo. Muitas regras e condições preliminares para ingresso em sociedades de adeptos, seja do caminho da direita ou da esquerda, também são idênticas em muitas coisas. Assim, Gabalis diz ao autor: "Os sábios nunca o admitirão em sua sociedade se você não renunciar de imediato a uma coisa que não pode estar em concordância com a sabedoria. Você deve renunciar a toda conjunção carnal com mulheres."(p. 27). Essa é uma condição *sine qua non* para os ocultistas práticos, sejam rosacrucianistas ou iogues, europeus ou asiáticos. Mas o é também para os *dugpas* e os *jadoos* do Butão e da Índia, assim como para os *vudus* e feiticeiros de Nova Orleans e México, com uma cláusula adicional, no entanto, nos estatutos[7] destes últimos, que é ter relação carnal, chame-os como queira, com *jinns*, elementais ou demônios femininos ou masculinos.[8]

"Não estou lhe falando nada além dos princípios da cabala antiga", explica de Gabalis ao seu discípulo. E ele informa que os elementais (a quem ele chama elementares), os habitantes dos quatro elementos, a saber, os silfos, as ondinas, as salamandras e os gnomos, vivem muitas idades, mas que as suas almas não são imortais. "Em relação à eternidade, ... eles devem finalmente se dissolver no nada" ... "Nossos pais, os filósofos", prosseguem os rosacrucianistas, "falando com Deus face a face, queixaram-se da infelicidade dessa gente (os elementais), e Deus, cuja misericórdia é sem limites, revelou-lhes que não era impossível encontrar um remédio para esse mal. Deus inspirou silfos, gnomos, ninfas e salamandras para que, do mesmo modo como o homem firmou uma aliança com Ele para tornar-se partícipe da divindade, firmassem uma aliança com o homem e, assim, pudessem se fazer parti-

[7] Falamos aqui dos estatutos antigos e bem conhecidos da feitiçaria dos asiáticos e da demonologia da Europa. A bruxa tem que renunciar a seu marido, e o bruxo a seus direitos maritais sobre a esposa humana legítima, tal qual o *dugpa* renuncia ainda hoje a toda relação conjugal com mulheres humanas; como o faz o praticante de vudu de Nova Orleans, quando no exercício de seus poderes. Todo cabalista sabe disso.

[8] Os cabalistas judeus da Polônia e da Galícia chamam o espírito feminino de *nergal*, quando se dedicam a alguma vingança, para ajudar e infundir-lhes poder. O feiticeiro muçulmano chama uma fêmea de *djini*; um russo *koldun* a uma bruxa falecida (*vyedma*). O feiticeiro chinês tem uma houen em sua casa sob o seu comando. Diz-se que essa relação dá poderes mágicos e uma força sobrenatural.

cipantes da imortalidade. Assim, pois, uma ninfa ou um silfo torna-se imortal e capaz da bênção a que aspiramos, quando têm a felicidade de casar-se com um sábio; um gnomo ou um silfo deixa de ser mortal a partir do momento em que desposa uma de nossas filhas".

Depois de ter dado esse bom conselho sobre a feitiçaria prática, o "sábio" termina da seguinte maneira: "Não, não! Nossos sábios nunca cometeram o erro de atribuir a queda dos primeiros anjos ao amor pelas mulheres, nem jamais colocaram os homens sob o poder do diabo... Não havia nada de criminoso em tudo isso. Eles eram silfos que se esforçavam para se tornar imortal. Suas pretensões inocentes, longe de escandalizar os filósofos, parecem tão justas que nós, de comum acordo, estamos resolvidos a renunciar por completo às mulheres e nos entregar à imortalização das ninfas e silfos" (p. 33). E assim são certos médiuns, especialmente da América e da França, que se vangloriam de ter espíritos por maridos e esposas. Nós conhecemos pessoalmente esses médiuns, homens e mulheres, e não serão os da Holanda que negarão o fato, dado um evento recente entre seus colegas e correligionários, ainda fresco em suas memórias, concernente a alguns que escaparam da morte e da loucura apenas se tornando teósofos. Seguindo os nossos conselhos, foi como puderam finalmente se livrar de seus consortes espirituais de ambos os sexos.

Será dito também, neste caso, que é uma calúnia e invenção? Deixem, então, os *outsiders* que se inclinam, tal como os espiritistas, a ver nada mais que um passatempo santo e inocente naqueles encontros noturnos e cotidianos com os chamados "espíritos dos mortos", observem. Que aqueles que ridicularizam nossas advertências e doutrinas e se divertem com elas – expliquem, depois de analisar desapaixonadamente, o mistério e a razão de fatos tais como a existência, nas mentes de certos médiuns e sensitivos, de seu casamento real com espíritos masculinos e femininos. As explicações de loucura e alucinação não significam nada quando colocadas frente a frente com os fatos inegáveis de materializações espíritas. Se houver "espíritos" capazes de beber chá e vinho, comer maçãs e bolos, beijar e tocar os visitantes das sessões espíritas, fatos que foram comprovados, bem como a existência desses visitantes, – por que não haveriam também esses mesmos espíritos de desempenhar deveres matrimoniais? E quem são esses "espíritos" e qual é a sua natureza? Os espíritas nos dirão que os fantasmas da sra. de Sévigné ou de Delphine, – uma das autoras que nos abstemos de nomear em consideração aos seus parentes vivos – são os "espíritos" reais dessas duas senhoras falecidas? Que a última sentia uma "afinidade espiritual" por um médium canadense idiota, velho e desleixado, a tal ponto de tornar-se a sua feliz esposa, como ele se gaba publicamente, sendo o resultado de qual união um rebanho de crianças "espirituais" engendradas com este santo espírito? E quem é o marido astral, o consorte noturno de uma bem-conhecida senhora médium de Nova York que a escritora conhece pessoalmente? Deixo ao leitor a tarefa de obter todas as informações que possa sobre esse último desenvolvimento das relações espirituais (?!). Que ele pense seriamente sobre isso, e então leia o Conde de Gabalis, especialmente o Apêndice, com suas proposições latinas; e então, talvez possa apreciar melhor toda a gravidade da suposta pilhéria no trabalho em questão,[9] e entender o verdadeiro valor da raiva nele. Ele verá claramente a terrível conexão entre os faunos, os sátiros e os íncubos de São Jerônimo, os silfos e as ninfas do Conde de Gabalis, os "elementares" dos cabalistas – e todas as "Lillies" poéticas e espirituais da "Comunidade de Harris", os "Napoleões" astrais e outros Dom Juans falecidos do *summerland*, ou seja, as "afinidades espirituais do além-túmulo" do mundo moderno dos médiuns.

Não obstante esse conjunto horrível de fatos, somos informados, semana após semana, pelos periódicos espíritas que,

[9] "Submundanas, ou os elementários da cabala", com um apêndice ilustrativo do trabalho "Demonialidade", ou "Íncubo e Súcubo", do Rev. Padre Sinistrari de Amando. A resposta dada (pg. 133) a Santo Antônio por um suposto diabo a respeito da corporeidade dos íncubos e súcubos seria agora oportuna. "O abençoado Santo Antônio" perguntou quem ele era. O pequeno anão da floresta respondeu: "Eu sou um mortal e um dos habitantes da natureza a quem os pagãos em seus delírios adora com os nomes de faunos, sátiros e íncubos"; ou "espírito dos mortos", poderia ter acrescentado esse elemental, veículo de algum elementário. Essa é uma narrativa de St. Jerônimo, que acreditava plenamente nela, assim como nós também, com certas alterações.

na melhor das hipóteses, não sabemos do que estamos falando. "Platão" (pseudônimo por certo muito presunçoso para ser usado), um ex-teosofista insatisfeito, disse aos espíritas (ver Light, de 1° de janeiro de 1887) que não só não há reencarnação - porque o "espírito" astral de um amigo falecido disse-lhe isso (uma evidência valiosa e confiável de fato), mas que está provado que toda a nossa filosofia não tem nenhum valor por esse fato! Somos informados de que o carma é uma tolice. "Sem o carma, a reencarnação não tem razão de ser". E posto que seu informante astral "tomou conhecimento, no reino de sua existência atual, da teoria da reencarnação, e diz que não pode encontrar um só fato, nem sequer o vestígio de um, quanto à verdade disso..." tem-se que crer nesse informante "astral". Ele não pode mentir. Pois "um homem que estudou química tem direito a uma opinião e ganhou o direito de falar sobre suas várias teorias e fatos... especialmente se, durante a sua vida terrena, foi respeitado e admirado por suas pesquisas nos mistérios da natureza e pelo seu amor à verdade." [10]

Esperamos que os "astrais" de químicos tão eminentes como os Srs. Crookes e Butleroff, quando desencarnados, abstenham-se de voltar com demasiada frequência para conversar com os mortais. Pois, havendo estudado a química tanto e tão bem, as suas comunicações *post mortem* adquiriram uma reputação de infalibilidade tal que, talvez, chegaria a prejudicar o progresso da humanidade e o desenvolvimento de seus poderes intelectuais. Mas a prova é suficientemente convincente, sem dúvida, para a atual geração de espíritas, já que o nome usado pelo "mentor astral de um amigo" era o de um homem sincero e honrado. Parece, portanto, que uma experiência de mais de quarenta anos com espíritos, que dizem muito mais mentiras que verdade, e fizeram muito mais mal que bem - não serve para nada. E, portanto, os "esposos e esposas espirituais" devem também ser acreditados quando dizem que são isso ou aquilo. Porque, como "Platão" argumenta com razão: "Não há progresso sem conhecimento, e o

[10] Os argumentos e provas contra a filosofia do Oriente são muito curiosos. Certamente, esta é uma boa prova de que os ocultistas estão certos em dizer que a maioria desses "espíritos" não são nem espíritos mentirosos, mas simplesmente cascões vazios e sem sentido, falando apenas com a ajuda dos cérebros dos assistentes e do cérebro do médium como um meio de conexão.

conhecimento da verdade fundado sobre os fatos é o progresso do mais alto grau, e se os astrais progridem, como diz esse espírito, a filosofia do ocultismo com relação à reencarnação está errada nesse ponto. E como poderemos saber que os demais pontos estão corretos, se não há provas?"

Isso é alta filosofia e lógica. "O fim da sabedoria é consulta e discussão" com "espíritos", Demóstenes poderia ter acrescentado, se ele soubesse onde buscá-los - mas tudo isso ainda deixa em aberto a questão "quem são esses espíritos?" Pois, "onde os doutores não concordam", deve haver espaço para dúvidas. E, além do fato evidente de que os espíritos estão divididos em seus pontos de vista sobre a reencarnação, - assim como estão os espiritualistas e os espíritas, "nenhum homem é o campeão da verdade, nem se encaixa como uma luva na causa da verdade", diz Sir T. Browne. Isso não significa uma sátira desrespeitosa a "Platão", quem quer que ele seja, mas é só um axioma. Um homem de ciência eminente, o Prof. W. Crookes, uma vez deu uma definição muito sábia de verdade, mostrando como é necessário estabelecer uma distinção entre verdade e exatidão. Uma pessoa pode ser muito verdadeira - ele observou - isto é, pode estar cheia do desejo de receber a verdade e ensiná-la. Mas, a menos que essa pessoa tenha grandes poderes naturais de observação ou tenha sido treinada por intermédio de estudos científicos em algum tipo de trabalho de observar, anotar, comparar e relatar com precisão e detalhes, ela não poderá dar conta de suas experiências de forma confiável, precisa, e, portanto, verdadeira. Suas intenções podem ser sinceras, mas se ele tiver uma centelha de entusiasmo, será sempre capaz de proceder a generalizações que podem ser falsas e perigosas. Em suma, como diz outro eminente homem de ciência, Sir John Herschel: "A grande e, de fato, a única qualidade da verdade é a sua capacidade de passar no teste da experiência universal e se manter inalterada em todas as possíveis discussões honestas a que se submeta."

Contudo, são poucos os espíritas, se é que há algum, que reúnam as preciosas qualidades exigidas pelo Prof. Crookes. Em outras palavras, sua veracidade está sempre temperada pelo entusiasmo. Portanto, isso os tem levado a erros nos últimos quarenta anos. Em resposta a isso, se nos dirão, e com grande justiça, podemos confessar, que essa definição científica é uma faca de dois gumes. Ou seja, que os teósofos estão, no mínimo, na mesma situação que os espíritas. Que são entusiastas e, portanto, crédulos também. Mas, no caso presente, a situação muda. A questão não é o que espíritas ou teosofistas pensam pessoalmente sobre a natureza dos espíritos e seu grau de veracidade, mas o que diz a "experiência universal", exigida por Sir John Herschel.

O espiritismo é uma filosofia (se for, embora neguemos), mas de ontem. O ocultismo e a filosofia do Oriente, quer sejam verdades absolutas ou relativas, são ensinamentos que nos chegam de uma imensa antiguidade. E desde então, - seja nos escritos e tradições do Oriente, nos inúmeros fragmentos e manuscritos deixados pelos teósofos neoplatônicos, nas observações de vida de filósofos como Porfírio e Jâmblico, nos dos teósofos medievais e assim por diante, *ad infinitum*, na medida em que encontramos em todos eles o mesmo idêntico testemunho quanto à natureza extremamente diversa e muitas vezes perigosa de todos esses gênios, demônios, deuses, deuses domésticos e "elementares", todos enfeixados agora sob o nome de "espíritos", não podemos deixar de reconhecer em tudo isso algo que "reporta vitoriosamente ao teste da experiência universal" e resulta "sem mudança" após todas as formas possíveis de observação e experiência.

Os teósofos são apenas o produto de uma experiência que remonta à mais remota antiguidade. Os espíritas defendem seus próprios pontos de vista, nascidos há cerca de quarenta anos, e com base em seu constante entusiasmo e emocionalismo. Mas, que se pergunte a qualquer testemunha imparcial e de boa fé que tenha presenciado as ações dos "espíritos" na América, e que não seja um teósofo nem um espírita: "qual pode ser a diferença entre a noiva vampira de quem se disse que Apolônio de Tyana entregou a um jovem amigo seu, a quem o súcubo noturno estava matando lentamente, e as esposas e maridos espíritos dos médiuns?" Certamente nenhuma - seria a resposta correta. Aqueles que não se estremecem com este horrível avivamento da demonologia e da feitiçaria medievais podem, pelo menos, entender a razão por que entre todos os inúmeros inimigos da teosofia, a qual revela os mistérios do "mundo dos espíritos" e desmascara os espíritos disfarçados sob nomes eminentes, nenhum é tão amargo e tão implacável quanto os espíritas dos países protestantes e os dos países católicos romanos.

Monstrum horrendum, informe, ingens cui lumen ademptum[11] é o epíteto mais adequado a ser aplicado à maioria das "Lillies" e "Joes" do mundo espiritual. Mas não pretendemos de maneira nenhuma negar que, além dos espíritos da natureza, ou elementais; cascões, ou elementares; e "deuses" e gênios, haja outros espíritos dos reinos invisíveis, e espíritos sagrados e grandiosos, que se comuniquem com os mortais (a contrário dos espiritualistas, determinados a não crer em outros "espíritos" além daqueles dos seus "queridos entes falecidos"). Não é tanto assim. O que os ocultistas e os cabalistas disseram o tempo todo, e os teósofos agora repetem, é que os espíritos sagrados não se apresentam em nenhuma promíscua seção espírita, nem se casam com homens e mulheres vivos.

A crença na existência de visitantes invisíveis de mundos melhores e piores do que o nosso, ainda que muito presente, está demasiadamente arraigada no coração dos homens para que possa ser arrancada facilmente pela mão fria do materialismo ou mesmo da ciência. O peso da superstição juntamente com o ridículo tem servido para gerar novas hipocrisias e dissimulações sociais entre as classes educadas. Pois há poucos homens, se é que haja algum, no fundo de cujas almas não exista latente a crença em tais criaturas sobre-humanas e supersensíveis, crença a qual pode vir à existência na primeira oportunidade. Muitos são os homens de ciência que, tendo abandonado de uma vez a crença nos contos das amas de leite, as crenças nos reis elfos, nas rainhas das fadas e que se ruborizam de serem acusados de acreditar em feitiçaria, terão

[11] [Virgil, Eeneid, III, 658: "Monstro horrível, sem forma, enorme, despojado de luz", diz-se de Polyphemus.- Compilador.] Na mitologia grega, Polifemo era um ciclope filho de Posídon e da ninfa Teosa, que cuidava de ovelhas e tinha uma existência solitária numa caverna próxima à Sicília. (Nota do tradutor).

sido vítimas, no entanto, da astúcia dos "Joes", "Daisies" e outros fantasmas e "mentores". E uma vez que cruzaram o Rubicão, eles não temem mais o ridículo. Esses cientistas defendem tão desesperadamente a realidade dos espíritos materializados e outros como se fosse uma lei matemática. As aspirações da alma que parecem inatas na natureza humana e que dormem tão só para despertar com mais energia; os anseios para ultrapassar o limite da matéria, que fazem com que um cético empedernido se converta em um crente raivoso na primeira aparição do que para ele é uma prova inegável; todos esses fenômenos psicológicos completam o temperamento humano; e os nossos fisiologistas modernos terão encontrado uma chave para eles? O veredicto permanecerá *non compos mentis*[12] ou "vítima de fraude e psicologia"? Etc., etc. Quando dizemos para os incrédulos são "um punhado", a declaração não é uma subavaliação, pois os mais fortes em seu ceticismo não são aqueles que gritam mais alto contra as superstições degradantes, contra a "loucura ocultista", assim por diante. Na primeira oportunidade, eles serão os primeiros entre aqueles que caem e se rendem. E quando se contam seriamente os sempre crescentes milhões de espiritualistas, ocultistas e místicos na Europa e na América, não há porque se lamentar como faz Carrington sobre "a marcha das fadas". Elas se foram, diz o poeta:

> Elas voaram, As belas ficções de nossos pais, tecidas
> Na tela da superstição, quando o tempo era jovem,
> E carinhosamente amadas e queridas – hão voado,
> Ante a varinha da ciência!

Afirmamos que elas não fizeram nada disso e, pelo contrário, são essas "fadas" – as formosas muito mais do que as horríveis - que ameaçam seriamente, sob as suas novas máscaras e nomes, desarmar a ciência e quebrar a sua "varinha".

A crença em "espíritos" é legítima, porque se baseia na autoridade de experiências e observações; que reivindica, além disso, outra crença, considerada também como uma superstição, a saber, o politeísmo. O último está baseado num

[12] *Non compos mentis* significa, no caso, um contrassenso, disparate [Nota do tradutor].

fato da natureza: espíritos que têm sido confundidos com deuses foram vistos em todas as épocas pelos homens, - daí a crença em muitos e diversos deuses. O monoteísmo, por outro lado, fundamenta-se numa pura abstração. Quem viu Deus? (Nos referimos àquele Deus Infinito e onipotente de quem os monoteístas tanto falam). O politeísmo - uma vez que o homem reivindica o direito da intervenção divina em seu favor - é lógico e consistente com as filosofias do Oriente, as quais, seja panteísta ou deísta, proclamam a abstração Una e infinita, um Algo absoluto que transcende completamente a concepção de finito. Tal credo é seguramente mais filosófico do que o daquela religião cuja teologia proclama, por um lado, um Deus misterioso e até incompreensível, a quem "nenhum homem pode ver ou ouvir" (Êxodo 33:20) e, por outro, apresenta-o como um Deus tão humano e tão pequeno que se preocupa com os calções[13] dos seus escolhidos, ao tempo em que negligencia dizer qualquer coisa definitiva sobre a imortalidade de suas almas e sua sobrevivência após a morte!

Assim, a crença num hospedeiro ou hospedeiros de entidades espirituais, que habitam em vários planos e esferas no universo, ou seja, em seres intracósmicos conscientes é lógica e razoável, enquanto a crença em um Deus extracósmico é um absurdo. E se Jeová, que era tão ciumento de seus judeus e ordenava que não tivessem outro Deus que não Ele mesmo, foi tão generoso que outorgou a Moisés a função de ser a divindade do faraó, o monarca egípcio,[14] por que os "pagãos" não podem ter a escolha de seus próprios deuses? Uma vez que acreditamos na existência dos nossos Egos, podemos muito bem acreditar em *dhyan chohans*. Como Hare disse: «o homem é um ser composto de um corpo espiritual e de outro carnal; os anjos são espírito puro, portanto mais pertos de Deus, sendo, porém, criados e finitos em todos os aspectos, enquanto Deus é infinito e incriado." E se Deus é a causa última, Deus não é um "Ser", mas um Princípio incorpóreo, sendo uma blasfêmia antropomorfizá-Lo. Os anjos, ou *dhyan*

[13] "Faze-lhes também calções de linho, para cobrirem a carne nua; irão dos lombos até as coxas." Êxodo 28:42. Deus é um mercador de lenços e um alfaiate!!!
[14] "Então disse o Senhor a Moisés: Eis que te tenho posto por deus sobre Faraó; e Arão, teu irmão, será o teu profeta." (Êxodo 7:1).

chohans, são os "vivos"; aquele Princípio, o "Autoexistente", a Causa eterna que permeia todas as causas, é apenas o número abstrato do "Rio da Vida", cujas ondas sempre agitadas criam anjos e homens, sendo os primeiros simplesmente "homens" de uma natureza superior", como Young observou intuitivamente.

O povo está, assim, justificado em acreditar numa pluralidade de deuses. Não é chamando-os agora de espíritos, anjos e demônios que as nações cristãs são menos politeístas do que as suas irmãs pagãs. Os vinte ou trinta milhões de espiritualistas ou espiritistas agora existentes, oficiam a seus mortos com tanto zelo quanto os chineses e hindus modernos ministram para os seus houen, bhûts e pisachas - os pagãos, no entanto, o fazem apenas para mantê-los tranquilos e que não tenham nenhum prejuízo *post-mortem*.[15]

[Os próximos três parágrafos foram adicionados em data posterior]

Por outro lado, está demonstrado plenamente no Proêmio de 'A Doutrina Secreta' que a adoração a anjos e espíritos pelos católicos romanos e os cristãos das igrejas orientais, que representam várias centenas de milhões de homens, mulheres e crianças que adoram exércitos de santos, é uma idolatria como qualquer adoração de ídolos na Índia e na China. A única diferença que se pode perceber é que os pagãos são sinceros ao chamar sua religião de politeísta, ao passo que as igrejas - na companhia dos espiritistas protestantes, conscientes ou não - colocam uma máscara sobre si, reivindicando o título de igreja monoteísta.

Há uma filosofia que, ao lidar com a questão dos espíritos na "idolatria" indiana, está claramente ausente nas definições ocidentais. Os devas são, por assim dizer, os poderes encarnados dos estados da matéria, mais refinados do que aqueles com os quais estamos familiarizados.[16] Nos Vedas, os deuses são mencionados como sendo onze, onde cada um deles é o

[15] O houen na China é "a segunda alma, ou vitalidade humana, o princípio que anima o fantasma", como explicam os missionários da China; o astral simplesmente. O houen, no entanto, é tão distinto do "ancestral" quanto os bhuts são dos *pitris* na Índia.

[16] Veja *The Secret Doctrine*, Vol. I, Livro I, Part III: "Deuses, Mônadas e Átomos", pp. 610 et seq.

representante da classe a que pertence. Cada uma destas classes novamente está subdividida em três, produzindo as trinta e três classes de deuses primários, comuns aos sistemas hindu e budista,[17] como se vê na referência à 'Catena of Chinese Buddhism' de Beal. Cada um destes trinta e três, subdivide-se novamente e admite mais divisão, quase indefinidamente, como as mônadas substanciais de Leibnitz; um fato que está expresso pelo número de deuses assumido pelos hindus, que é de trinta e três crores (33 x 10.000.000). A chave do significado esotérico desses deuses permitiria que a ciência física moderna, especialmente a química, conseguisse um progresso que, de outra forma, não poderia alcançar em mil anos, já que todo deus tem uma conexão direta com, ou representação em, a sua forma física, por assim dizer, em átomos invisíveis e moléculas visíveis – partículas físicas e químicas.[18]

Embora se diga que esses deuses são "superiores ao homem em alguns aspectos", não se deve concluir que as potências latentes do espírito humano sejam de algum modo inferiores às dos devas. Suas faculdades estão mais desenvolvidas que as do homem comum. Mas, com efeito, este desenvolvimento tem um limite prescrito, a que o espírito humano não está sujeito. Este fato foi bem simbolizado no Mahabharata pela vitória de Arjuna, sob o nome de Nara (homem), sobre todo o exército de devas e *deva-yonis* (elementais inferiores). E encontramos na Bíblia referência ao mesmo poder do homem, pois São Paulo diz claramente a sua audiência: "Não sabeis que devemos julgar os anjos?" (I Coríntios 6:3) e fala do corpo astral do homem, do *soma psychikon* e do corpo espiritual, *soma pneumatikon*, que "não têm carne nem ossos", mas ainda possui uma forma externa.

[As frases a seguir foram adicionadas em data posterior].

Um adepto, submetendo-se a um curso especial de treinamento e iniciação, pode atingir o *status* de deva, mas tal curso o impede de avançar no caminho verdadeiro. Em "O Elixir da Vida", em *Cinco Anos da Teosofia*, a história de Nahusa dá um

[17] Veja as mitologias chinesa, birmanesa e siamesa.
[18] Veja *The Secret Doctrine*, Vol. I, Livro I, Part III: "Deuses, Mônadas e Átomos", pp. 610 et seq.

vislumbre da verdade conhecida pelos iniciados.[19]

A ordem dos seres chamados devas - cuja variedade é tão grande que nenhuma descrição pode ser tentada aqui - é dada em alguns tratados ocultos. Existem devas superiores e inferiores, elementais superiores e muito abaixo do homem e até dos animais. Mas todos eles foram ou serão homens, e os primeiros voltarão a ressurgir em planetas superiores e em outras manvantaras. No entanto, uma coisa pode ser mencionada. Os *pitris*, ou nossos "antepassados lunares" e a comunicação dos mortais com eles foram várias vezes mencionados pelos espíritas como um argumento de que os hindus acreditam efetivamente e até adoram "espíritos". Isso é um grande erro. Não são os *pitris* individualmente que podem ser consultados, mas sua sabedoria coletiva; mostrando-se esta sabedoria, mística e alegoricamente, na face iluminada da Lua. O que os brâmanes invocam não são "os espíritos" dos ancestrais desaparecidos – o significado de espírito poderá ser encontrado em Vol. II de *The Secret Doctrine* (*A Doutrina Secreta*), onde a gênese do homem é dada. Os espíritos humanos mais desenvolvidos e elevados sempre declararam ao deixar a vivenda de barro "nacha punarâvarti" – "não vou voltar" – e, desse modo, colocam-se fora do alcance de qualquer homem vivo. Mas compreender plenamente a natureza dos antepassados "lunares" e sua conexão com a "Lua" exige a revelação de segredos ocultos que não se destinam a audiência pública. Portanto, não mais que as informações que se seguem.

Um dos nomes da Lua em sânscrito é Soma, que também é o nome, como é sabido, da bebida mística dos brâmanes e mostra a conexão entre os dois. Um "bebedor de soma" alcança o poder de colocar-se em relação direta com o lado brilhante da Lua, resultando assim na inspiração da energia intelectual concentrada dos antepassados benditos. Esta "concentração" e o ser a Lua um depósito daquela energia são o segredo cujo significado não pode ser revelado, a não ser a simples menção do contínuo derramamento sobre a Terra de uma certa influên-

[19] O ensaio notável "O Elixir da Vida" apareceu originalmente no *Theosophist*, Vol. III, março e abril de 1882, e foi escrito sob ditado por Godolphin Mitford, que usou em outras ocasiões o pseudônimo de Moorad Alee Beg ou Mirza Murad Ali Beg. Foi reimpresso várias vezes em várias publicações, inclusive como um panfleto separado. [Compilador].

cia procedente do lado brilhante da esfera. O que parece um fluxo (ao ignorante) é de natureza dual – uma que dá vida e sabedoria e outra letal. Aquele que pode separar a primeira da segunda, como *Kalahamsa* separou a água do leite, mostrará grande sabedoria e terá sua recompensa. A palavra *pitri* significa, sem dúvida, o antepassado; mas o que se invoca esotericamente é a sabedoria lunar e não o "antepassado lunar". É esta sabedoria que foi invocada por Qu-ta-my, o caldeu, em *Nabathean Agriculture* (Agricultura Nabatheana), que escreveu "As revelações da Lua". Mas há o outro lado disso. Se a maioria das cerimônias religiosas bramânicas está relacionada com a Lua cheia, da mesma forma as cerimônias sinistras dos feiticeiros acontecem na Lua nova e no seu último quarto. Igualmente, quando o ser humano perdido ou o feiticeiro chega ao final de sua carreira depravada, todo o mau carma e a má inspiração descem sobre ele como um negro íncubo de iniquidade a partir do "lado escuro da Lua", que é uma área incógnita para a ciência, mas uma terra bem explorada para o adepto. O feiticeiro, ou *dugpa*, que sempre executa seus ritos infernais no dia da Lua nova, quando a influência benigna dos *pitris* está em seu nível mais baixo, cristaliza parte da energia satânica de seus predecessores no mal para seus próprios vis fins; enquanto o brâmane, por outro lado, persegue um curso benévolo correspondente com a energia que o seu *pitri* lhe outorga... Portanto, esse é o verdadeiro espiritualismo, cujo coração e alma foram completamente perdidos pelos espíritas modernos. Quando chegar o dia da revelação completa, ver-se-á que as chamadas "superstições" do bramanismo e dos antigos pagãos em geral eram simplesmente ciências naturais e psíquicas, veladas aos olhos profanos das multidões ignorantes por temor da profanação e do abuso, por meio de disfarces alegóricos e simbólicos que a ciência moderna não conseguiu decifrar. Afirmamos, então, que nenhum teósofo jamais acreditou em "superstições degradantes" ou ajudou a espalhá-las mais do que fez qualquer outra sociedade filosófica ou científica.

[O parágrafo a seguir foi adicionado em data posterior]

Se alguns teósofos (a maioria deles, de fato) confessam abertamente sua crença em *dhyan chohans* (homens desencarnados de manvantaras anteriores), em *pitris* (nossos ancestrais reais e genuínos) e na multidão de espíritos (mundanos, submundanos e supramundanos) não fazem pior do que fez, faz ou fará o mundo cristão. Desta forma, eles são muito mais honrados do que aqueles que escondem essa crença e a mantêm em segredo. A única diferença entre os "espíritos" de outras sociedades, seções e corpos e os nossos está em seus nomes e nas afirmações dogmáticas com relação a sua natureza. Naqueles a quem os milhões de espiritistas chamam de "espíritos dos mortos" e em quem a Igreja Romana vê os demônios de Satanás, não vemos nenhum nem outro. Nós os chamamos *dhyan chohans*, devas, *pitris*, elementais superiores e inferiores – e conhecemo-los como os "deuses" dos gentios, imperfeitos às vezes, nunca santos. Cada ordem tem seu nome, seu lugar, as funções que a natureza lhe atribui; e cada hoste é o complemento e a coroa de sua própria esfera particular, tal como o homem é o complemento e a coroa de seu globo; porquanto são uma necessidade natural e lógica no cosmo."

O Sol é tão somente uma massa que se esfria?[1]

HELENA PETROVNA BLAVATSKY
Traduzido por Edilson Almeida Pedrosa

Tal é a teoria aceita pela ciência moderna, que não é a ensinada pelos 'Adeptos'. A ciência diz que o Sol não recebe nenhuma contribuição importante de calor vindo de fora; os Adeptos respondem: "o Sol não necessita dela." Ele é tanto autodependente quanto autoiluminado; e para a manutenção de seu calor, não requer nenhuma ajuda ou aporte externo de energia vital, ele é o coração do seu sistema, um coração que não deixará de latejar até que chegue sua hora de descanso. Fosse o Sol "uma massa em resfriamento, o nosso grande doador da vida estaria de fato às escuras com a idade por esta altura, e encontraria alguns problemas para manter suas fornalhas queimando para as raças futuras realizarem seus ciclos, e as cadeias planetárias completarem suas rondas. Não haveria esperança para a evolução humana; exceto, talvez, no que passa por ciência nos livros didáticos de astronomia das escolas missionárias - ou seja, que "o Sol tem uma viagem orbital de uma centena de milhões de anos à sua frente, embora o sistema tenha sete mil anos de idade!" (Prize Book, 'Astronomia for General Readers').

Os 'Adeptos', que são obrigados, assim, a demolir antes

[1] 'Is the sun merely a cooling mass?', artigo publicado em *Five Years of Theosophy*, pp. 251-262, Londres 1885, como uma seleção de artigos de *The Theossophist*; republicados pela Theosophy Co. – Los Angels, California, USA, 1980.

que eles possam reconstruir, negam enfaticamente (a) que o Sol esteja em combustão, em qualquer sentido da palavra; ou (b) ou que ele seja incandescente ou até mesmo que queima, embora ele esteja brilhando; ou (c) que sua luminosidade já tenha começado a enfraquecer-se e seu poder de combustão possa estar exaurido dentro de um tempo determinado e concebível; ou mesmo (d) que sua constituição física e química contenha qualquer dos elementos da química terrestre em qualquer dos estados que o químico ou o físico está acostumado a lidar. Com referência à ultima afirmação, eles acrescentam com propriedade que, embora não se possa dizer que o corpo do Sol (um corpo que jamais foi refletido por telescópio ou espectroscópio inventados pelo homem) seja constituído por qualquer dos elementos terrestres no estado em que são familiares ao químico, esses elementos e mais uma série de outros desconhecidos até agora pela ciência estão presentes nas vestes exteriores do Sol. Na verdade, não seria necessário esperar tanto tempo para que as linhas pertencentes a estes respectivos elementos correspondessem às linhas escuras do espectro solar para saber-se que nenhum elemento presente em nossa Terra jamais poderia estar ausente no Sol; embora, por outro lado, haja muitos outros no Sol que até agora não atingiram o nosso globo ou não foram ainda descobertos. Alguns podem estar ausentes em determinadas estrelas e corpos celestes ainda em processo de formação; ou, propriamente dito, apesar de estar presente neles, esses elementos, por causa de seu estado embrionário, não podem responder ainda aos testes científicos usuais. Mas como pode a Terra possuir aquilo que o Sol nunca teve? Os adeptos afirmam como um fato que o verdadeiro Sol, que é uma esfera invisível de qual o Sol conhecido é o escudo, a máscara , ou a roupa, tem em si o espírito de cada elemento que existe no sistema solar; e sua cromosfera tem o mesmo [espírito - NT], somente numa condição muito mais desenvolvida, ainda que em um estado desconhecido na Terra. O nosso planeta tem de esperar pela continuação do crescimento e desenvolvimento, antes de que qualquer dos seus elementos possam ser reduzidos à condição em que eles estão dentro daquela cromosfera. Nem pode a substância produtora da luz colorida na cromosfera ser adequadamente chamada sólida, líquida, ou ainda gasosa, como é suposto, por isso não é nada disso. Milhares de anos antes de Leverrier e do Padre Secchi, os antigos arianos cantavam a respeito de Surya [o Sol adorado nos Vedas - NT]... "escondendo-se atrás de seu yogi[2], veste sua cabeça que ninguém poderia ver"; o vestido do asceta sendo, como todos sabem, tingidos expressamente com uma tonalidade vermelho-amarelo, uma matéria corante com manchas rosadas sobre ele, rudemente representando o princípio vital no sangue de homem - o símbolo do princípio vital no Sol, ou o que hoje é chamado de cromosfera . A "região cor de rosa!" Quão poucos astrônomos poderão alguma vez saber de sua verdadeira natureza, embora centenas de eclipses forneçam-lhes a evidência indiscutível de sua presença. O Sol está tão densamente rodeado por uma concha dessa "matéria vermelha" que é inútil para eles especularem, apenas com a ajuda de seus instrumentos físicos, sobre a natureza que se esconde por trás dessa brilhante zona radiante da matéria, e que nunca pode ser vista ou detectada com os olhos mortais.

Se aos "Adeptos" for perguntado: "Qual, então, em seu ponto de vista, é a natureza do nosso Sol e o que há além desse véu cósmico?" Eles responderão: além, gira e bate a cabeça e o coração do nosso sistema. Externamente se espalha seu manto, cuja natureza não é a matéria com que você está familiarizado, seja sólida, líquida ou gasosa, mas a eletricidade vital, condensada e visível.[3] E se a declaração for

[2] Há uma história interessante nos Puranas relatando essa coisa. Os devas, ao que parece, pediram ao grande Rishi Vasishta para trazer o Sol para Satya Loka [cf. o Glossário Teosófico: "A mansão da verdade, uma das esferas subjetivas de nosso sistema solar"; a "mansão celestial de Brahma e dos deuses." - NT]. O Rishi pediu ao deus Sol para fazê-lo. O deus Sol replicou que todos os mundos poderiam ser destruídos se ele deixasse seu lugar. O Rishi, então, ofereceu-se para colocar a sua roupa de cor vermelha (ashay vastram) no lugar do disco do Sol , e assim fez. O corpo visível do Sol é esse roupão de Vasishta, ao que parece.

[3] Se o "F.T.S." [membro da Sociedade Teosófica - NT] inglês se desse ao trabalho de consultar a pg. II de Magia Adâmica, de Eugênio Philalethes, seu compatriota erudito, ele poderia encontrar ali a diferença entre um planeta visível e um invisível tão claramente insinuada quanto era seguro escrever em um momento em que a garra de ferro da ortodoxia tinha o poder de arrancar a carne dos ossos dos hereges e a disposição para fazê-lo. "A terra é invisível", diz ele, ... "e que é mais, o olho do homem nunca viu a terra, nem ela pode ser vista sem arte. Fazer este elemento visível é o maior segredo da magia. Quanto a este corpo feculento e bruto sobre o qual caminhamos, é um composto, e não é a terra mas tem terra

contestada, alegando-se que a luminosidade do Sol se deve a qualquer outra causa além da combustão e da chama, nenhuma lei física que a ciência ocidental tem algum conhecimento pode explicar a existência, sem combustão, de tal temperatura solar de intensidade tão alta. Além disso, que tal temperatura, queimando com a sua luz e chama cada coisa visível em nosso Universo, mostraria a sua luminosidade com intensidade homogênea e uniforme, o que não acontece; que as ondulações e perturbações na fotosfera, o crescimento das "protuberâncias" e uma fúria selvagem de elementos em combustão foram observados no Sol, com suas línguas de fogo e manchas exibindo toda a aparência de movimento ciclônico e de "tempestades solares" etc., etc.. A isso a única resposta que pode ser dada é a seguinte: as aparências são tudo o que existe, mas não é a combustão. Sem dúvida, fossem as "vestes", a roupagem deslumbrante que agora envolve o globo solar, retiradas ou mesmo removida "a atmosfera brilhante que nos permite ver o Sol" (como pensava Sir William Herschel), de modo a permitir um resultado insignificante, todo o nosso Universo seria reduzido a cinzas. Júpiter Fulminador, revelando-se a sua amada, incinerá-la-ia instantaneamente. Mas isso nunca pode acontecer. O escudo de proteção é de tal espessura e está a uma distância tão grande do Coração universal que dificilmente pode ser calculada pelos vossos matemáticos. E como eles podem esperar ver o corpo do Sol interior, de vez que a existência daquela "cromosfera" é certa, embora sua densidade real possa ser ainda desconhecida, quando um dos maiores, senão o maior, de suas autoridades, Sir W. Herschel diz o seguinte: "o Sol, também, tem sua atmosfera, e se alguns dos fluidos que entram em sua composição devam ser de um brilho fulgurante, enquanto outros sejam apenas transparentes, qualquer causa temporária que possa remover o fluido claro nos permitirá ver o corpo do Sol através daqueles

---

nele, ... numa palavra, todos os elementos são visíveis, mas um, a saber, a terra: e quando tenhas conseguido tanta perfeição, como saber por que Deus colocou a terra in abscondito, tens uma excelente imagem pela qual podes conhecer o próprio Deus, e por que ele é visível ou invisível". Os itálicos são do autor, sendo costume dos alquimistas enfatizar as palavras que tinham um duplo significado em seu código. Aqui, "o próprio Deus", visível e invisível, relaciona-se com o seu lapis philosophorum - o sétimo princípio da natureza.

transparentes." As palavras sublinhadas, escritas há quase 80 anos, incorporam a hipótese errônea de que o corpo do Sol possa ser visto em tais circunstâncias, ao passo que só é as camadas distantes do "fluido claro" que seriam percebidas. E o que o grande astrônomo acrescenta invalida totalmente a primeira parte de sua hipótese: "Se um observador fosse colocado na Lua, ele iria ver o corpo sólido de nossa Terra apenas nos lugares onde os fluidos transparentes da atmosfera permitissem-no. Em outros, os vapores opacos refletiriam a luz do Sol sem permitir que sua visão penetrasse a superfície do nosso planeta." Então, se a atmosfera da nossa Terra, que em sua relação com a "atmosfera"(?) do Sol é como a pele tenra de um fruto comparativamente à casca mais grossa do coco, impediria o olho de um observador de pé na lua de penetrar em todos os lugares "da superfície do nosso planeta," como pode um astrônomo esperar que sua visão possa alguma vez penetrar a superfície do Sol quando visto da nossa Terra, que se encontra a uma distância de 85 a 95 milhões de milhas,[4] enquanto que a lua, dizem-nos, está apenas a cerca de 238.000 milhas! O tamanho proporcionalmente maior do Sol não o traz de modo algum para o alcance da nossa visão física. Certamente, comenta Sir W. Herschel que o Sol "tem sido chamado de um globo de fogo, talvez metaforicamente!" Tem sido suposto que as manchas escuras sejam corpos sólidos que giram perto da superfície do Sol. "Tem havido a suposição de que elas sejam a fumaça dos vulcões ... a escória que flutua sobre um oceano de matéria fluida. ..... Elas têm sido tomadas por nuvens .... explicadas como sendo massas opacas que nadam na matéria fluida do Sol ...." Quando todas as suas concepções antropomórficas forem postas de lado, Sir John Herschel[5], cuja intuição era ainda maior do que a sua grande erudição, à frente de todos os astrônomos, aproxima-se muito mais da verdade do que qualquer um desses astrônomos mo-

[4] Em verdade, "a precisão absoluta na solução deste problema (das distâncias entre os corpos celestes e a Terra) está simplesmente fora de questão."

[5] Blavatsky cometeu talvez um lapso ao fazer essa referência, pois acima havia citado Sir William Herschel (1738 - 1822), um renomado astrônomo britânico, provavelmente o autor das frase referidas por ela. Agora, no entanto, ela menciona Sir John Frederick William Herschel (1792 - 1871), que foi também um importante astrônomo Inglês e filho William Herschel, o primeiro citado. (NT).

dernos que, ao admirar o seu gigantesco conhecimento, sorriem de suas "teorias fantasiosas e imaginativas". Seu único erro, agora partilhado pela maioria dos astrônomos, era considerar o "corpo opaco" ocasionalmente observado através da "envoltura luminosa" como o próprio Sol. Ao falar, no curso de suas especulações sobre o salgueiro **nasmyth** (teoria-folha) - "a forma definitiva desses objetos, a semelhança exata entre eles ... todas essas características parecem bastante ofensivas à noção de serem um vapor, uma nuvem ou algo de natureza fluida"- sua intuição espiritual serviu-lhe melhor do que o seu notável conhecimento da ciência física. Quando ele acrescenta: .... "Nada permanece, senão considerá-las folhas separadas e independentes, flocos .. com algum tipo de solidez ... Sejam elas o que forem, elas são evidentemente as fontes imediatas da luz solar e do calor" - ele profere uma verdade física maior do que qualquer outra jamais pronunciada por qualquer astrônomo vivo. E quando, além disso, vamos encontramo-lo postulando – "olhado sob esse ponto de vista, não podemos deixar de considerá-los como organismos de alguma espécie peculiar e surpreendente, e apesar de que talvez seja muita ousadia falar dessa organização como partícipe da natureza da vida, já sabemos que a ação vital é competente para desenvolver ao mesmo tempo calor, luz e energia elétrica", Sir John Herschel produz uma teoria que se aproxima de uma verdade oculta mais do que qualquer profano jamais fez no que diz respeito à física solar. Estes "maravilhosos objetos" não são, como um astrônomo moderno interpreta as palavras de Sir J. Herschel, "habitantes solares, cuja constituição ígnea permite-lhes iluminar, aquecer e eletrificar todo o sistema solar", mas são simplesmente os reservatórios de energia vital solar, a eletricidade vital que alimenta todo o sistema em que vive e respira, e tem o seu ser. O Sol é, como se diz, o armazém de nosso pequeno cosmo, gerando seu próprio fluido vital, e sempre recebendo tanto quanto doa. Se perguntassem aos astrônomos - que fato concreto e positivo existe na base de sua teoria solar - que conhecimento têm da combustão e da atmosfera solar, eles poderiam, talvez, sentir-se embaraçados quando confrontados com as suas atuais teorias. Para isso é suficiente fazer um *résumé* [resumo - NT] do que os físicos solares não sabem, a fim de ganhar convicção de que eles estão tão longe como sempre de um conhecimento definitivo da constituição e da natureza última dos corpos celestes. Talvez, seja-nos permitido enumerá-las: -

Começando com "a suposição mais selvagem possível", como sabiamente a chama o Sr. Proctor, de que não existe, de acordo com a lei da analogia, nenhuma semelhança geral dos materiais e processos de trabalho no Sol com os materiais com os quais a química e a física terrestres estão familiarizados, sendo isso a soma dos resultados encontrados por técnicas espectroscópicas e outras análises da superfície e da constituição interna do Sol, o que dá margem a qualquer um para estabelecer o axioma da combustão do Sol e sua gradual extinção?" Eles não têm meios, como eles próprios confessam diariamente, de experimentação, portanto, de determinar a condição física do Sol; pois (a) eles ignoram os limites da atmosfera; (b) ainda que se provasse que a matéria, tal como eles a conhecem, está continuamente caindo no Sol, não sabendo a sua velocidade real e a natureza do material sobre a qual cai, eles não estão capacitados "para discutir o efeito de movimentos que superam totalmente em velocidade ... excedendo enormemente até mesmo a velocidade inconcebível de muitos meteoros;" (c) confessadamente, eles "não têm nenhum meio de saber de onde vem aquela parte da luz que gera o espectro contínuo" .... portanto, nenhuma maneira de determinar a extensão da substância solar que está envolvida no envio daquela luz. Essa luz "só pode provir das camadas superficiais" e "pode ser apenas uma concha" .... (verdadeiramente!); e finalmente, (d) eles ainda têm de aprender "até que ponto a combustão, assim chamada apropriadamente, pode ter lugar no interior da massa do Sol"; e "se esses processos, que nós (eles) reconhecemos como combustão, são os únicos processos de combustão que podem realmente ocorrer lá." Por conseguinte, o Sr. Proctor, por exemplo, aparece com a feliz e prudente ideia "de que aquilo que se supunha a característica mais marcante dos corpos incandescentes, sólidos e líquidos, está assim demonstrada como uma possível característica da luz do gás brilhante." Assim, tendo sido abalada toda a base do raciocínio deles (pela objeção de Frankland), eles, os astrônomos, podem ainda vir a aceitar a teoria oculta, qual seja, a de que devem olhar para o sexto estado da matéria, para revelar-lhes a verdadeira natureza de suas fotosferas, cromosferas, apêndices, proeminências, projeções e chifres. De fato, quando se encontra uma das autoridades da época em ciência física (o professor Tyndall) dizendo que "nenhuma substância terrestre com a qual estamos familiarizados, nenhuma substância trazida pela queda de meteoros na Terra seria de todo capaz de manter a combustão do Sol "; e ainda: "... multiplicando todas as nossas forças por milhões de milhões, não alcançaremos os gastos do Sol. E ainda, apesar deste enorme dreno durante o lapso da história humana, não somos capazes de detectar uma diminuição de seu estoque ....", após ler isso, ver os homens de ciência mantendo ainda a teoria de "um arrefecimento no calor do globo," qualquer um pode ser desculpado por sentir-se surpreso com tal inconsistência. Verdadeiramente aquele grande físico está correto ao ver o próprio Sol como "uma poeira na extensão infinita, uma mera gota no mar universal". E ao dizer que "na natureza nada pode ser acrescentado, da natureza nada pode ser tirado, a soma de sua energia é constante, e o máximo que o homem pode fazer na busca da verdade física ou nas aplicações do conhecimento físico é transferir os constituintes do total que nunca varia. A lei de conservação exclui rigorosamente tanto a criação como a aniquilação.... o fluxo da força é eternamente o mesmo." Mr. Tyndall fala aqui como se fora um ocultista. No entanto, o *memento mori* [‹lembre-se da morte› - NT], "o Sol está esfriando.... ele está morrendo!...", dos trapistas ocidentais da ciência ressoa tão alto como sempre.

Não, nós dizemos. Não, o Sol não será extinto enquanto for deixado um homem na Terra. Antes que soe a hora do "pralaya solar" na torre de vigia da eternidade, todos os outros mundos do nosso sistema estarão deslizando em suas conchas espectrais ao longo dos caminhos silenciosos do espaço infinito. Antes que ele ocorra, Atlas, o poderoso titã, filho de Ásia e o bebê de Aether, terá deixado cair o seu pesado fardo manvantárico e morrido; as Plêiades, as Sete Irmãs brilhantes, deverão acordar Astérope [uma das Sete Irmãs, filhas de Atlas - NT] escondida para lamentarem-se conjuntamente, a fim de mortificarem-se pela perda de seu pai. E Hercules, deslocando sua perna esquerda, terá que mudar o seu lugar nos céus e erguer sua própria pilha funerária. Só então, rodeado pelo elemento ígneo que rompe a espessa escuridão do crepúsculo *do pralaya*, vai Hercules, morrendo em meio a uma conflagração geral, trazer também a morte ao nosso Sol: ele terá um desvelar com a retirada do "Sol Central", o misterioso, o sempre escondido centro de atração do nosso Sol e do sistema. Fábulas? Mera ficção poética? No entanto, quando se sabe que as ciências mais exatas, as maiores verdades matemáticas e astronômicas alcançaram o mundo entre a *hoi polloi* [do grego: as massas, a plebe - NT] a partir do círculo de sacerdotes iniciados, os hierofantes do *sanctum sanctorum* de nossos velhos templos, na forma de fábulas religiosas, pode não estar errado procurar as verdades universais ainda que sob os remendos da ficção burlesca. Quanto ao tema dessa fábula sobre as Plêiades, as Sete Irmãs, Atlas e Hércules, existem outras idênticas, embora com outros nomes, nos livros sagrados hindus, mantendo, contudo, o mesmo significado oculto. Porém, como o Ramayana, "tomado emprestado da nossa Ilíada grega", e o Bhagavad Gita e Krishna, plagiados dos Evangelhos, ainda na opinião do grande sanscritista, o professor Weber, os arianos podem ter tomado emprestado as Plêiades e o seu Hércules da mesma fonte! Quando os brâmanes puderem ser mostrados pelos orientalistas cristãos como sendo os descendentes diretos dos cruzados teutônicos, só então, talvez, o ciclo de provas estará concluído, e as verdades históricas do Ocidente vindicadas!

Henry Steel Olcott[1]
(1832-1907)

Primeiro Presidente e cofundador da Sociedade Teosófica (ST). Nascido em 2 de agosto de 1832, em Orange, Nova Jersey, Olcott era o mais velho dos seis filhos de Henry Wyckoff Olcott e Emily Steel. Estudou no colégio da cidade de Nova York e na Universidade de Colúmbia até os negócios de seu pai fracassarem em 1851. Olcott deixou a faculdade e se mudou para perto dos irmãos de seu pai em Ohio, onde trabalhou numa pequena fazenda por dois anos. Esses tios encorajaram seu interesse por fenômenos ocultos, hipnotismo e mesmerismo, e Olcott descobriu que tinha alguma habilidade mesmérica.

Voltando a Nova York para estudar agricultura científica, Olcott ganhou reconhecimento por seu trabalho na Fazenda Modelo de Agricultura Científica em Newark, Nova Jersey. Ele cofundou uma escola agrícola perto do Monte Vernon, Nova York, que foi pioneira no atual sistema de educação agrícola dos EUA baseado no modelo suíço. Reconhecido por seus

[1] Fonte: Theosopedia – http://theosophy.ph/encyclo/index.php?title=Olcott,_Henry_Steel.

estudos de sorgo e *imphee*[2], ele escreveu um livro bem recebido sobre o assunto (1858). Visitou a Europa em pesquisa e, como especialista em seu campo, tornou-se o correspondente agrícola do New York Tribune e correspondente americano do Mark Lane Express. Sem ser percebido, conseguiu testemunhar o enforcamento do abolicionista John Brown para o *Tribune*, as autoridades da Virgínia haviam proibido qualquer nortista de testemunhar o evento.

Olcott casou-se, em 1860, com Mary Epplee Morgan, com teve quatro filhos, os dois mais jovens morreram na infância. Com a chegada da Guerra Civil, Olcott se alistou no exército e participou da campanha da Carolina do Norte sob o comando do gen. Burnside. Depois de se recuperar de disenteria, ele foi nomeado comissário especial do Departamento de Guerra para investigar fraude, corrupção e corrupção no Escritório de Arrecadação e Desembolso de Nova York. Durante quatro anos conduziu investigações, muitas vezes perigosas, de atividade criminosa, enviando muitos infratores para a prisão. Sua integridade, coragem e eficácia fizeram com que ele se tornasse coronel. Ele foi, então, designado para o Departamento da Marinha em Washington, DC, para investigar abusos nos estaleiros da Marinha. Lá ele reformou o sistema de contas e reduziu a corrupção. O Secretário da Marinha disse sobre seus esforços:

> Nunca encontrei um cavalheiro encarregado de tarefas importantes de mais capacidade, rapidez e confiabilidade do que as que foram exibidas por você durante todo o tempo. Mais do que tudo, desejo testemunhar toda a sua retidão e integridade de caráter...

Quando Lincoln foi assassinado, Olcott foi nomeado para a comissão tríplice que investigou o assassinato. Depois de renunciar à sua incumbência em 1865, Olcott retornou à cidade de Nova York para estudar direito, tendo sido admitido no New York Bar em 1868. Especialista em casos de alfândega, receita e seguro, teve sucesso na profissão. Seu casamento, no entanto, fracassou e, em 1874, ele concedeu divórcio a sua esposa.

[2] Espécie de sorgo africano (NT).

Em julho de 1874, Olcott decidiu retomar seus estudos de psicologia experimental. Ao longo dos anos, ele havia estudado anatomia, fisiologia, química e abordagens científicas ortodoxas sobre a mente, além de ter "investigado na prática os ramos heterodoxos da frenologia, fisionomia, mesmerismo e psicometria" (*Theosophy, Religion and Occult Science*, p. 121). Tendo se dedicado à leitura dos fenômenos espíritas no Eddy Homestead em Chittenden, Vermont, ele foi comissionado pelo *New York Sun* para investigar o fenômeno por si mesmo. Os artigos causaram sensação e, em seu retorno, o *New York Daily Graphic* persuadiu-o a voltar por um período mais longo para continuar as suas investigações científicas sobre os fenômenos, e os artigos resultantes foram republicados nos Estados Unidos. Investigadores europeus e americanos dos fenômenos elogiaram seus métodos de pesquisa impecáveis. Os artigos foram coletados e publicados sob o título *Pessoas do Outro Mundo*, em março de 1875.

Ele assinalou, mais tarde, sua primeira reunião com Helena P. BLAVATSKY no Eddy Homestead, em outubro de 1874, como "o evento mais feliz da minha vida; pois jorrou luz em todos cantos escuros e remeteu-me à missão de ajudar a reviver a ciência oculta ariana, o que se torna a cada dia mais absorvente e interessante" (op. cit., p. 245). Ele achava-a intelectualmente brilhante, embora excêntrica, e eles mantiveram sua amizade em Nova York e na Filadélfia.

Por algum tempo, Olcott continuou suas investigações bem divulgadas sobre fenômenos espiritualistas e vários médiuns. Enquanto isso, Blavatsky, como intermediária, apresentou-o aos seres humanos avançados que se tornaram seus mestres, e a quem ele serviu até o fim de sua vida. Para Olcott, esses adeptos proporcionaram-lhe um ideal tangível de perfectibilidade humana. Em 7 de setembro de 1875, após uma palestra na sala da casa de Blavatsky, foi proposta a formação de uma Sociedade para investigar questões ocultas. O objetivo dessa Sociedade Teosófica era a "descoberta de todas as leis da natureza e a disseminação do conhecimento das mesmas". Olcott, como Presidente, proferiu o discurso inaugural em 17 de novembro, enfatizando que os teósofos não se atêm a nenhuma filosofia específica, mas são estudantes e pesquisadores. Sobre o papel da Sociedade, ele disse:

> Para os sectários protestantes e católicos, temos que mostrar a origem pagã de muitos dos seus ídolos mais sagrados e de seus mais caros dogmas; para as mentes liberais da ciência, as profundas realizações científicas dos antigos magos.

Os dois anos seguintes foram um período de autodisciplina e treinamento para Olcott, que acabou dedicando-se totalmente a ajudar a causa dos mestres de Blavatsky e seus. Ele praticava advocacia durante o dia e ajudava Blavatsky a escrever *Isis Sem Véu* à noite, quando não estavam entretendo os muitos visitantes que ela recebia. Depois de um ano, a Sociedade Teosófica não havia crescido, e todos os poderes administrativos foram concentrados em Olcott como Presidente, que lidava com todos os assuntos pertinentes e os apoiava com seus próprios recursos. Seu Mestre, Morya, o visitou em uma ocasião, e Olcott disse que "Esta visita e conversação enviaram meu coração em um instante ao redor do mundo... para a Índia e, a partir daquele momento, tive um motivo para viver, algo por que lutar. O motivo era obter a sabedoria ariana; e a finalidade era trabalhar pela sua divulgação"(op. cit., pp. 123). No período de três anos antes de ir para a Índia, Olcott afirmou ter encontrado quinze adeptos de várias nacionalidades.

Um ano após a publicação de *Ísis Sem Véu*, de Blavatsky, em 1877, Olcott e Blavatsky partiram para a Índia, que Olcott considerava sua terra natal espiritual e a terra natal das religiões e lar de seu mestre. Ele recebeu um passaporte diplomático especial para promover intercâmbios culturais e outros, esperando se sustentar e a Blavatsky por intermédio de negócios de importação/exportação. Seu primeiro ano foi complicado devido a diferenças com swami Dayšnanda Saraswatÿ, com quem šrya Samšj, a Sociedade Teosófica, uniu-se por breve período. O governo britânico também os seguia, imaginando que Blavatsky seria um possível agente russo. Não obstante, as atividades teosóficas logo renderam frutos, prendendo a atenção da população indiana culta. A situação financeira deles permaneceu apertada, mas após o primeiro ano a situação melhorou à medida que a revista fundada e editada por Blavatsky, *The Theosophist*, começou a apresentar lucro. Eles mudaram sua sede de Bombaim para Adyar, Madras, (agora Chennai), na Índia, em dezembro de 1882.

O propósito teosófico principal de Olcott era promover a fraternidade universal e o renascimento da grandeza interior de todas as religiões. Ele acreditava em "conceder aos povos de todos os credos o direito de desfrutar de suas convicções religiosas sem serem incomodados" e sentia que o dever dos teosofistas era "ajudá-los a descobrir e viver segundo o mais elevado ideal que estivesse contido em suas respectivas religiões" (op. cit., p. x).

Portanto, a Sociedade não pregou dogmas ou artigos de fé. Duas sugestões cardinais que Olcott propôs foram: "Que todos os homens são psiquicamente irmãos, todos igualmente autorizados a conhecer a verdade divina e, sem distinção de nacionalidade ou fé, deveriam se unir para o bem geral da humanidade; vinculados por laços e simpatias comuns"; e, segunda, "que todo ser humano tem em sua própria natureza, em maior ou menor grau, certas faculdades sublimes que, quando plenamente desenvolvidas, dar-lhe-ão conhecimento divino" (op. cit., pp. 182-3).

Olcott acreditava que a teosofia é a base comum de todas as religiões, e que a religião repousava na "certificação pela consciência humana individual da verdade metafísica e transcendental" (op. cit., p. 26). Ele procurou mostrar que o ocultismo e a espiritualidade eram verdadeiramente científicos, enquanto o materialismo não era.

> A teosofia deriva seu conhecimento divino da intuição direta e da contemplação... Todo fundador original de uma religião era um buscador da sabedoria divina pelo processo teosófico da autoiluminação... enquanto estiver vivendo e sendo um ator no mundo exterior, o teosofista deve ser capaz de olhar, entrar, agir e retornar do mundo interior, repleto da verdade divina (op. cit., pp. 246-7).

Ele acreditava que para manter seu senso moral, a sociedade precisava de constante renovação de tais pesquisas espirituais individuais e iluminação pessoal. O papel da Sociedade era encorajar essa pesquisa por membros de todas as fés.

As crenças de Olcott determinaram a natureza do seu trabalho. Em suas muitas palestras públicas sobre teosofia, seu objetivo nada mais era do que uma apresentação popular de fatos elementares... "Há metafísicos suficientes para esclarecer e confundir o público leitor ilustrado; mas, para cada um que os pode seguir as suas demonstrações, há cinquenta que não têm tempo, habilidade ou ambos. Este, principalmente, é o meu público; e ficarei encantado em ser o instrumento do despertar em alguns deles do desejo de um estudo mais profundo de problemas que são tão absorventes "(op. cit., p. xi).

Em sua primeira palestra na Índia, Olcott anunciou que os objetivos da Sociedade na Índia eram encorajar os estudiosos nativos a traduzir suas obras religiosas e científicas para o inglês a fim de circularem no Ocidente, promover educação não sectária para meninas indianas e mulheres casadas, "que consideramos pedra angular da grandeza nacional" e introduzir máquinas simples, feitas à mão e baratas para aumentar o conforto e a prosperidade da população (The Theosophical Society and Its Aims, Bombaim, 23 de março de 1879). Ele procurou "infundir nos anglo-indianos maior respeito pela nação que governam" e ajudar a "acender no peito dos jovens indianos a devida reverência por sua ascendência gloriosa e o desejo de imitá-la em suas nobres realizações na ciência e filosofia." (Op. cit, p. 245).

Olcott viajou milhares de quilômetros realizando palestras e trabalhando para a regeneração espiritual de seu país adotivo. Antes de ter chegado, ele havia imaginado "Uma nação hindu homogênea, pelo menos, no que diz respeito à espiritualidade e ao amor de seus ancestrais - uma grande família," (op. cit., pp. 125-6). No entanto, ele encontrou a pobreza, a ignorância, a doença, um fascínio pela prosperidade material e pela ciência ocidental, além de "letargia idólatra e fatalismo" (idem). Ele procurou neutralizar o materialismo da educação e da ciência ocidentais através do renascimento da herança espiritual indiana e uma compreensão mais geral do significado interno dos *Vedas* e dos seus valores. Ele pediu ajuda aos especialistas hindus para reviver o hinduísmo, ao menos compilando tratados e catecismos. Olcott enfatizou a importância para a Índia de desenvolver-se de uma maneira tipicamente indiana, em vez de imitar a cultura e a vida intelectual do Ocidente e abraçando as ideias não críticas de progresso da Europa.

Olcott está talvez mais amplamente associado ao renascimento do budismo, particularmente no Sri Lanka (então chamado Ceilão). Esse trabalho em particular, ao lado do esforço teosófico, estava certamente mais próximo de seu coração. Chegando ao Sri Lanka em 1880, Blavatsky e Olcott tornaram-se oficialmente budistas. Eles encontraram dificuldades provocadas tanto pelos conquistadores estrangeiros quanto pela população budista. Olcott procurou aumentar o conhecimento dos budistas sobre a sua própria religião e "mostrar-lhes como separar o verdadeiro budismo da adoração do diabo e da natureza e da superstição de vários tipos" (*Theosophical Sifts*, Theosophical Publishing Society, Londres, 4: 6). Para isso, em 1881, ele escreveu seu catecismo budista, que foi traduzido para muitas línguas. Os fundadores formaram ramos cingaleses da Sociedade Teosófica e ajudaram a promover as tradições, cultura, idiomas e religião nacionais. Escolas budistas foram estabelecidas, assim como o jornal cingalês Sarasavisandaresa e o The Buddhist no idioma inglês. Olcott viajou pela ilha curando pessoas e aumentando as contribuições para as escolas. Ele representou os cingaleses junto ao governo inglês em 1884, em Londres, e conseguiu que algumas das políticas mais opressivas fossem abolidas.

Olcott mais tarde fez visitas bem-sucedidas à Birmânia e ao Japão, incentivando o respeito e o entusiasmo pelo budismo e advertindo o clero a procurar as antigas verdades por trás das ortodoxias e a dar o exemplo no comportamento espiritual. Olcott sentia fortemente que a capacidade de concordar com os pontos doutrinários básicos era uma necessidade para que o budismo tivesse impacto significativo no Ocidente. Para unificar o budismo, ele desejou que o sacerdócio de várias escolas aceitasse 14 proposições fundamentais do budismo que ele havia elaborado em consulta com os estudiosos budistas. Esses pontos foram aceitos em uma conferência budista em Adyar, na Índia, em 1891.

Olcott procurou reavivar o entusiasmo em outras comunidades religiosas além das hindus e budistas, notadamente nas zoroastriana, islâmica, judaica e cristã, ainda que, tendo se tornado um budista, não viesse a se filiar a nenhuma outra religião.

Em agosto de 1882, enquanto estava no Ceilão, Olcott começou a praticar cura mesmérica. Ele passou a curar milhares de pessoas em toda a Índia, sendo muitos casos bem documentados. Estas curas chamaram a atenção para a Sociedade, aumentaram a frequência às palestras e deram credibilidade à sua mensagem. Essa prática, no entanto, logo começou a consumir muito de sua vitalidade, e ele foi forçado a tomar medidas para preservar sua saúde. Pouco mais de um ano depois, ele interrompeu as curas mesméricas por ordem de seus mestres.

Em turnês de palestras, começando em 1882, Olcott formou clubes e sociedades de meninos e, em 1884, criou uma Liga de Honra Ariana independente da Sociedade Teosófica para meninos de 10 a 21 anos das religiões hindu, parse, budista e jainista. Em dezembro de 1894, formou-se uma associação de meninos que uniu todos esses clubes, com uma constituição e uma revista que foi publicada até dezembro de 1900.

Blavatsky e Olcott viajaram para a Europa, em 1884, em parte para promover a causa dos budistas cingaleses junto ao governo britânico. Olcott falou longamente com membros da Society for Psychical Research sobre os fenômenos de Blavatsky. Porque ele acreditava que "a base da filosofia é a psicologia experimental" (H. P. Blavatsky, The Original Program of the Theosophical Society), ele tinha um grande interesse na investigação científica e na demonstração dos poderes humanos. Numa retrospectiva, Olcott disse em 1891:

> Agora tem sido observado que este movimento estava ancorado em fenômenos. Até certo ponto isso é verdade, mas a culpa é provavelmente mais minha do que dela. As coisas que ela fez foram tão inovadoras e impressionantes para mim, foram tão interessantes

> para mim como um estudante veterano de psicologia, tiveram um peso científico tão importante sobre o problema dos poderes do homem e das forças latentes da natureza, que naturalmente eu insisti com ela para que fizesse demonstrações contínuas desses poderes diante de várias testemunhas. Relutantemente ela obedeceu, e o resultado foi muito lamentável; justificou a sabedoria que tem sido a política de reticência adotada por todos os grandes sábios e adeptos do passado. (*Theosophical Siftings*, 4: 5).

Enquanto Olcott e Blavatsky estavam na Europa, surgiram problemas na Índia. Os Coulombs, um casal que trabalhava no quartel-general de Adyar, atacaram Blavatsky e a Sociedade Teosófica em uma exposição na The Christian College Magazine, uma publicação missionária. Eles afirmavam que os fenômenos de Blavatsky eram fraudulentos e que ela própria escrevia as cartas dos mahatmas. Ficou demonstrado no século XX que era falsa a evidência que eles forneceram para as suas alegações, provavelmente forjada pelo sr. Coulomb.

Quando Blavatsky e Olcott voltaram para Adyar em dezembro, ela insistiu em um processo para limpar o seu nome. Embora perfeitamente ciente da inverdade das acusações, da legitimidade dos fenômenos de Blavatsky e da existência dos mestres dela (e seus), Olcott era contra a ação jurídica, tanto como advogado quanto porque muitos dos membros indianos não toleravam ver os nomes dos mahatmas mencionados no tribunal. Ele ameaçou renunciar se Blavatsky não cumprisse a decisão de um comitê formado em grande parte por advogados hindus, a ser adotada na próxima Convenção Anual da Sociedade Teosófica. Blavatsky aquiesceu com desgosto, e o Comitê decidiu não ir à Justiça. A tensão fez com que a saúde dela fraquejasse e, a conselho de seu médico, ela deixou a Índia em 1885, renunciando a seu cargo de Secretária Correspondente, ficando na Europa até que seu nome fosse limpo. Subsequentemente, a publicação pela Society for Psychical Research do relatório negativo de Richard Hodgson com as suas investigações a respeito de Blavatsky abalou ainda mais a Sociedade Teosófica. Blavatsky passou os anos restantes de sua vida na Europa, particularmente na Inglaterra. Lá ela completou e publicou *A Doutrina Secreta*, escreveu *A Chave para a Teosofia* e *A Voz do Silêncio*, fundou e editou Lúcifer e revitalizou o trabalho teosófico europeu.

Após a partida de Blavatsky, Olcott fez uma série bem-sucedida de palestras pela Índia, defendendo a Sociedade e atacando as acusações dos Coulombs. Mas depois disso, como observou C. Jinarajadasa, Olcott "mostrou-se muito avesso a falar abertamente da conexão dos mestres com a Sociedade. A sua política era dissociar a Sociedade do ocultismo, que ele considerava ter trazido elementos perigosos" (*The Theosophist*, agosto de 1932, p. 606). Já em 1881, Olcott disse:

> Tarde demais, percebi que o público que podia tratar de forma tão vil uma mulher que era apenas discípula deles não conseguiria entender nada que pudesse ser dito sobre eles. Assim, de agora em diante, tentarei abster-me de falar deles, exceto para aqueles que estão preparados e ansiosos pela verdade. (Op. cit., p. 196).

Em 1886, a Biblioteca de Adyar, um dos projetos mais acalentados por Olcott, foi aberta para promover o segundo objetivo da Sociedade por meio da coleta de manuscritos úteis aos propósitos teosóficos. Como ele afirmou, sua intenção era ajudar a revivescência da literatura oriental; ... conquistar o respeito dos homens instruídos, especialmente os da geração em ascensão, pelos sábios da antiguidade, seus ensinamentos, sua sabedoria e seu nobre exemplo; ajudar, tanto quanto fosse possível, a trazer uma relação mais íntima, uma melhor apreciação mútua, entre os trabalhadores literários dos dois hemisférios. (Relatório Anual 1886).

Ele esperava que os eruditos pudessem traduzir obras orientais para dar acesso a um público mais amplo. A biblioteca expandiu-se posteriormente e permaneceu uma importante prioridade durante toda a sua vida.

Infelizmente, por volta de 1888, as relações entre Olcott e Blavatsky deterioraram-se por anos, à medida que a sua desconfiança em relação a ela cresceu, em parte devido a conflitos e mal-entendidos e, em parte, por uma diferença básica de abordagem. O ponto forte de Olcott era organização e administração. Para funcionar efetivamente, a Sociedade precisava ser um corpo organizado, e para Olcott essa organização e seu sucesso era o cumprimento da causa que ele havia assumido junto a seu mestre. Para ele, como Presidente-fundador, "foi concedido o absoluto e ilimitado arbítrio quanto à administração prática" dos assuntos da Sociedade (*Theosophist*, setembro de 1889, p. 706). O Presidente, como ele viu, era alguém que poderia administrar a sua função com estrita imparcialidade sem distinção entre nações, seitas e sistemas políticos. Ele deveria morar em Adyar, desenvolver a Biblioteca, manter o Teosofista, dar continuidade ao trabalho educacional, agora tão próspero, no Ceilão e no sul da Índia, e estar pronto para visitar todas as partes do mundo, quando a ocasião exigisse, para enredar as Seções afastadas na grande teia de ouro da fraternidade cujo centro e núcleo estão em Adyar (Discurso na Convenção Anual, 1893).

Ele sentia que o segredo do crescimento da Sociedade estava em sua Constituição e na simplicidade de seus objetivos: "Não contaminados pelo sectarismo, desprovidos de toda ofensividade dogmática, eles não rechaçam ninguém que os examine imparcialmente" (TS Solidarity and Ideals, The Path, outubro de 1894, p. 202). Ele procurou construir uma liga federal com base nos três objetivos declarados que, ao dar a todos os membros e ramos a maior latitude de opinião e de escolha de trabalho, ainda deveria ser uma entidade de trabalho compacta, com as suas unidades soldadas pelo vínculo forte do interesse comum e por uma política corporativa claramente definida (Address at the Annual Convention, 1893).

Em 1888, a resposta de Blavatsky foi formulada no sentido de anunciar a formação de uma Seção Esotérica da Sociedade juntamente com William Q. Judge, na América. Olcott considerou que, no arranjo proposto, os trabalhadores teosóficos mais vitais estariam diretamente sob orientação de Blavatsky e não propriamente da dele, deixando-o como testa de ferro na qualidade de Presidente. Tal Seção também foi contra a sua tendência natural por causa da falta de abrangência e por dar ensinamentos teosóficos específicos seletivamente. Ele acreditava que a Sociedade deveria ser totalmente não sectária, não endossando absolutamente nenhuma visão de natureza religiosa. Olcott sustentou que "não estamos pregando uma nova religião ou fundando uma nova seita ou uma nova escola de filosofia ou ciência oculta" (op. Cit, p. 145) e comentou, em uma carta de 1893 para Judge, que ele acreditava que a Seção Esotérica e os seus vários grupos internos eram perigosos porque "os seguidores e devotos juramentados de uma escola de pensamento religioso e um instrutor são apenas um grupo sectário, em conflito palpável com os princípios ecléticos da ST" (*The Theosophist*, agosto de 1932, p. 608).

Olcott foi para a Europa determinado a anular a Seção Esotérica, mas recebeu, a bordo, uma carta de Koot Hoomi advertindo-o contra seus sentimentos negativos em relação a Blavatsky e assegurando-lhe que ela era o instrumento dos mahatmas, que nenhuma comunicação havia sido recebida no Ocidente através de qualquer outra fonte e que, com assuntos ocultos ou esotéricos, ela tinha "carta branca". A Olcott foi dito que, embora os mestres ainda se comunicassem com ele diretamente, o fato de ser tão infrequente devia-se à sua própria culpa. Ao chegar na Inglaterra, ele deu sua bênção à Seção Esotérica, "a ser organizada nas linhas originais concebidas pelos verdadeiros fundadores dos ST" (*Lúcifer*, outubro de 1888).

Em carta, o Judge recusou-se a chamar Adyar de o coração espiritual do movimento teosófico, sustentando que o coração do movimento estava onde Blavatsky estivesse e não em qualquer local geográfico específico. Em resposta no The Theosophist, Olcott discordou, repassando as várias decisões adotadas nas Convenções que fizeram a sede ser, primeiro, onde quer que o Presidente-fundador estivesse e, depois, permanentemente em Adyar, como estabelecido em 1885 logo após Blavatsky partir para a Europa. Ele passou a dizer:

> Madame Blavatsky não era também mais "fundadora" da Sociedade do que eu: nenhum de nós era mais do que um agente à disposição... Fui eu quem propôs a formação da Sociedade, que teve todo o fardo inicial de

> guiar seus passos infantis e que, após o colapso do esquema regulatório original de regras e regulamentos, tinha... toda a responsabilidade executiva... No entanto, ela era a intermediária entre eles [os adeptos] e eu, ganhando, assim, minha gratidão eterna, como fiz por muito tempo com amor e lealdade fraternal... . Como um vulcão ativo, ela lança boa quantidade de lava, escória e enxofre, mas com isso ela descobre, muitas vezes, veios de ouro e prata da verdade arcana para aqueles que não são cegos demais para perceber. (*The Theosophist*, setembro de 1889, pp. 706-7).

Com a morte de Blavatsky, Olcott continuou como Presidente-fundador, com Judge como Vice-Presidente, e o Judge e Annie Besant como chefes conjuntos da Seção Esotérica e chefes das Seções Americana e Britânica, respectivamente. Em 1892, Besant escreveu para Judge sobre algumas acusações contra Olcott, recomendando que ele, como vice-presidente, pedisse a Olcott que renunciasse a seu cargo enquanto o caso fosse investigado. Judge fez isso, e Olcott apresentou a sua renúncia, dando publicamente como razão o atual mau estado de sua saúde. Depois de alguns meses, Judge escreveu a Olcott que ele havia ouvido do Mestre que Olcott foi injustamente acusado e, por isso, concluiu que Olcott não deveria renunciar. Pouco tempo depois, a Seção Americana em Convenção elegeu Judge como seu presidente, acrescentando, a pedido dele, um apelo a Olcott para reconsiderar a sua renúncia. A seção indiana também apelou a Olcott no mesmo sentido, mas disse que marcharia uníssona com as seções europeia e americana. A Seção Europeia elegeu Judge presidente para um mandato vitalício, mas, por causa da interpretação que a Seção fazia de uma carta de Olcott aos funcionários, não pediu a Olcott que reconsiderasse. Como Olcott tinha ouvido de seu mestre que não era hora de renunciar, em poucos meses ele retirou a sua renúncia. Este caso criou confusão e exacerbou mal-entendidos entre Olcott e Judge, cujas personalidades muito diferentes muitas vezes se irritavam mutuamente.

Olcott começou a publicar, em 1892, suas reminiscências na The Theosophist, mais tarde publicadas em seis volumes como Old Diary Leaves. Porque foram escritos de memória, com base em seus diários, estes volumes nem sempre são totalmente precisos, mas dão a sua visão sobre os eventos e as pessoas e formam uma fonte muito valiosa da história teosófica inicial. Em 1894, Olcott iniciou um programa educacional para ajudar os intocáveis a viver perto de Adyar. Ele abriu a The Olcott Free School para dar a essas pessoas a oportunidade de uma educação elementar. Outras quatro escolas foram abertas entre 1898 e 1906. Considerações financeiras fizeram com que três das escolas fossem entregues à cidade de Madras em 1925.

Em 1895, outra crise abalou a Sociedade Teosófica. Besant e Olcott fizeram várias acusações contra Judge, centrando-se no suposto uso indevido das assinaturas dos mahatmas. Olcott pediu-lhe que renunciasse como Vice-presidente, aguardando investigação, mas Judge recusou-se e foi a Londres para a investigação proposta. O comitê de investigação foi declarado não qualificado de acordo com a Constituição da Sociedade para conduzir tal investigação e foi dissolvido. As acusações foram retiradas e todas as partes apertaram as mãos e concordaram em seguir em frente. No entanto, um funcionário da Sociedade que não desejava que o assunto morresse, W. A. Old, renunciou e depois publicou em uma revista britânica todos os documentos relacionados ao caso Judge, que ele havia copiado enquanto servia como Secretário de Gravação da Sociedade Teosófica. O caso foi retomado por Besant com renovada energia, e a Seção Americana, em sua Convenção de 1895, declarou-se finalmente autônoma de Adyar. Olcott então cancelou a afiliação dos que seguiam Judge na América e em outras Seções e retirou as Cartas Constitutivas de todos os ramos que apoiavam Judge. A Sociedade havia se separado. Pouco antes de morrer, Olcott disse a um velho amigo que achava que havia ofendido Judge e se arrependeu (The Word, outubro de 1915, p. 10). Na década de 1920, Besant, também, em uma entrevista com Bahmanji P. Wadia, admitiu em particular que ela acreditava que Judge era inocente das acusações.

Depois que a Sociedade se dividiu, Olcott continuou trabalhando para a Sociedade Teosófica com Besant, que era o chefe da Seção Esotérica. Ele trabalhou incansavelmente pela irmandade de toda a humanidade e pela expansão da Sociedade Teosófica para todos os cantos do mundo, e aa suas responsabilidades administrativas continuaram inabaláveis. Ele viajou e lecionou; procurou reunir facções da comunidade budista mundial e encorajou as pessoas a estudar as suas próprias religiões e encontrar as verdades antigas escondidas sob a ortodoxia e a ignorância moderna.

Por causa de controvérsias com Blavatsky e Judge, as limitações de Olcott têm sido enfatizadas frequentemente, mas ele foi defendido repetidamente por Blavatsky e os mestres. Em defesa de Olcott em 1889, Blavatsky declarou que "onde quer que ele esteja, haverá a ST enquanto ele viver; aqueles que me querem, devem querê-lo... Sua energia, habilidades e autossacrifício permitiram que a moderna Sociedade Teosófica passasse a ser uma organização.

Após uma queda, enquanto viajava no outono de 1906, Olcott retornou à Índia em dezembro. Ele foi diagnosticado com problemas cardíacos graves, dos quais ele morreu em 17 de fevereiro de 1907. Sua última mensagem em 2 de fevereiro de 1907, diz:

> Aos meus amados irmãos no corpo físico: despeço-me. Em memória de mim, continuem a grande obra de proclamar e viver a irmandade das religiões. Aos meus amados irmãos nos planos superiores: saúdo e venho a vós para implorar-vos que me ajudem a tornar compreensível a todos os homens da Terra que "não há religião superior à Verdade", e que na Fraternidade das Religiões repousa a paz e o progresso da humanidade.

I - Introdução das ideias teosóficas no Brasil[1]

É óbvio que nas últimas décadas do século 19 já havia em nosso país um grupo de pessoas interessadas no estudo do espiritismo, que desde a codificação kardecista despertava rapidamente interesse em todo o mundo. Deste grupo, deveria haver uma quantidade de pessoas em contato mais estreito com literatura não só espírita, mas conhecida de certos círculos mais ilustrados e em outros idiomas. Com a fundação da Sociedade Teosófica em Nova Iorque em 1875, a publicação das obras de Helena P. Blavatsky e posteriormente de outros teosofistas, naturalmente este grupo deveria ampliar seus horizontes. Os que viajassem para a Europa e Estados Unidos teriam muitas possibilidades de conhecer de perto não só pequenos grupos de estudo e divulgação da teosofia, mas também adquirir aquelas obras.

Os primeiros raios de luz teosófica de que temos notícia, projetando-se em nossa terra, foram através de um artigo da Revue Encyclopedique Larousse n° 30, sobre a Teosofia e a S.T., que o sr. Dario Velloso traduziu e fez publicar em setembro de 1896 na revista Club Curitibano. Por isso, nós consideramos Dario Velloso o pioneiro da divulgação teosófica no

[1] [1] Esta é uma reprodução *ipsis litteris* de artigo de João Batista Brito Pinto, que presidiu a Sociedade Teosófica no Brasil entre 1982 e 1988, intitulado 'Breve Histórico do Desenvolvimento da Teosofia e da Sociedade Teosófica no Brasil, dos seus Primórdios até a Fundação da Seção Nacional em 17 de novembro de 1919'. O texto foi publicado pela primeira vez em 1969 e reproduzido no Boletim do Círculo Blavatsky - CIBLA, em Porto Alegre, RS, em junho de 1993, pp. 19-22. Fonte: *http://theosophy.ph/encyclo/index.php?title=Brazil,_Theosophy_in*.

Brasil.

João Batista Brito Pinto (1912-1998), ex-presidente da ST de 1982 a 1988

Pouco depois da publicação da primeira edição de A Doutrina Secreta, em 1888, foram publicadas na cidade portuguesa do Porto duas obras em nosso idioma: Submundo, Mundo e Supramundo, do Visconde de Figanière, e Miscelânea Teosófica, contendo artigos da dra. Annie Besant e J.C. Chatterji, na tradução do teosofista português Tristão C. Sobral.

Em 1902, o sr. Leite Júnior pronunciou uma palestra sobre teosofia na Loja Maçônica Luz Invisível, de Curitiba. Neste mesmo ano, em 29 de julho, nascia em Pelotas, Rio Grande do Sul, a primeira Loja Teosófica brasileira. Denominada Dharmah, esta Loja nasceu na sede do Centro Espírita Amor a Deus, organizada por alguns dos seus membros. Era dado assim o primeiro passo para o trabalho teosófico organizado no país. Em 1905, a loja Dharmah publicou a primeira obra teosófica no país, de autoria do sr. Charles W. Leadbeater, intitulada Falsas Ideias Sobre a Morte.

A partir de 1908, esta Loja passou a publicar a revista Dharmah, publicação mensal cujo diretor era o sr. E. R. Dzvigalsky. A vida desta publicação foi acidentada e estendeu-se até 1914, passando por várias fases de dificuldades.

Em 1903, pelos esforços do Prof. Mauro Montagna, diretor do Instituto Benjamin Constant, organizou-se um grupo de estudos. O Prof. Mauro era cego, e aquele instituto visava dar ensino e trabalho aos deficientes visuais. Mauro Montagna havia visitado parentes seus na Argentina, onde encontrou estudiosos da sabedoria divina. Entusiasmado, trouxe várias obras para o Rio. Eram membros deste grupo de estudos os srs. Cincinato Henrique da Silva, oficial-médico do Exército Nacional, e o primeiro tenente Mário Clementino de Carvalho.

Nesta mesma época, o incansável Henrique Serra, residente em Campinas–SP, publicou sua tradução do livro Aos Que Sofrem, de Aimée Blech, com o título Princípios Teosóficos. Este livro foi o grande veículo de divulgação da Teosofia e de condução de muitos irmãos para as fileiras da nossa Sociedade. Foi ele, justamente, que levou o então capitão Raymundo Pinto Seidl a ingressar no grupo do Prof. Mauro Montagna e depois manter correspondência com o cap. de Fragata argentino Frederico Washington Fernandes, que na época era o representante da sra. Annie Besant, presidente mundial, na América do Sul.

A fundação de algumas organizações de caráter espiritualista, e principalmente o Círculo Esotérico da Comunhão do Pensamento, em 1909, pelo sr. Antônio Olívio Rodrigues, ia demonstrando que havia um número crescente de estudantes de ocultismo, e muitos deles tornaram-se membros ativos da nossa Sociedade.

Em Curitiba, Dario Velloso continua ativo e dedicado e funda o Instituto Neopitagórico no mesmo ano. Em Porto Alegre, outro grande pioneiro, Paulino Diamico, funda a revista teosófica Alma, que também teve diversas fases difíceis.

Em princípios de 1910 viajara para a Argentina, a convite dos teosofistas portenhos, o erudito teosofista espanhol Mario Roso de Luna, para dar palestras e conferências. Certo da existência já de um bom número de filiados no Brasil e das grandes possibilidades de difusão, o capitão de fragata Frederico W. Fernandes conseguiu que Mario R. de Luna viesse ao Brasil, visitando o Rio de Janeiro. Em 7 de março de 1910 aquele teosofista, um dos grandes biógrafos da sra. Blavatsky, chegou à antiga Capital Federal, onde encontrou uma programação organizada para três conferências, realizadas no salão da Associação dos Empregados no Comércio.

A presença de Mario Roso de Luna acendeu o entusiasmo. Em 28 de abril foi fundada uma nova Loja no Rio de Janeiro, a segunda no país, poucas semanas, portanto, depois da saída do teosofista espanhol. Era a Loja Perseverança, decana das lojas ativas do nosso país.

No mesmo ano aparece a terceira das lojas brasileiras, a Jehoshua, fundada em Porto Alegre pelos esforços do denodado Paulino Diamico. Paulino também fundou, com pessoas daquela loja, o Grupo de Propaganda Teosófica, ativo apesar dos poucos recursos financeiros disponíveis. Em 1913, vemos este Grupo publicar o primeiro caderno da Série Teosófica Elementar.

A 8 de maio de 1911, a loja Perseverança deu um grande passo na evolução do trabalho teosófico em nosso país. Em homenagem ao Dia do Lótus Branco, iniciou a publicação da revista O Teosofista, que veio a tornar-se o órgão oficial da nossa Seção. Era distribuída gratuitamente nas bancas das livrarias e às pessoas que a solicitassem. Na primeira página da primeira edição publicou um artigo do sr. Henrique Serra sobre a grande fundadora da S. T., HPB, cujo esforço é lembrado no Dia do Lótus Branco. O número de agosto de 1911 da revista The Theosophist, na Índia, publicou artigo do sr. Leadbeater elogiando a fundação da nova revista e encorajando os responsáveis.

O ano de 1912 foi muito fecundo e produtivo. A 1° de janeiro, na cidade de Salvador, comemorando o dia da Fraternidade Universal, Marcolino de Magalhães, Honorato José de Souza e Teodofredo Requião fundaram um grupo de estudos chamado Alcione. Este grupo mais tarde tornou-se Loja. Infelizmente, há muitos anos deixou de constar da lista das nossas lojas em atividade.

A 7 de outubro, José de Pontes Medeiros, Miguel Ferreira da Cunha, Antônio Carneiro de Souza Azevedo, Afonso de Pontes Medeiros e outros fundaram a Loja Unidade na cidade cearense de Fortaleza. Publicaram em folhetins a obra do teosofista uruguaio F. Díaz Falp intitulada Primeiras Noções de

Teosofia. No mesmo dia 7 de outubro, mas na cidade paulista de Santos, os irmãos Benjamin Furquin de Campos, Leopoldo de Magalhães Bastos, Benedito Ribeiro e Francisco Artur de Mendonça fundaram o Centro de estudos Albor.

Para grande alegria dos nossos irmãos da época, a dra. Annie Besant afirmou em seu relatório de 1912 "a América do Sul continua firme, acumulando material para o futuro". E o sr. A. Madril, seu novo representante na América do Sul, escreveu em seu relatório: "O mais intenso trabalho teosófico nos países sob minha jurisdição foi realizado pelas lojas brasileiras, nas quais o entusiasmo e o amor pelas nossas doutrinas são fortes".

A 5 de junho de 1914 fundou-se em São Luís do Maranhão mais uma Loja, denominada Pax.

Seria inconcebível que, havendo já um movimento teosófico tão intenso em outros estados do país, São Paulo não tivesse estudantes ardorosos, capazes de esforços para incrementar o movimento. Em Campinas, havia muitos anos o sr. Henrique Serra traduzia obras e publicava artigos sobre teosofia em jornais e revistas de várias cidades. Com dois outros estudiosos, Carmine D'Abruzzi e David Antunes, Henrique formou um grupo de estudos. Carmine D'Abruzzi era um jovem italiano, desenhista e decorador de obras, que vindo ao nosso país aqui se tornou um humilde, mas convicto e ativo trabalhador por toda a vida. O grupo obteve do sr. Souza Ribeiro, abnegado espírita daquela cidade, um salão para suas reuniões. Mas algum tempo depois os esforços tiveram de cessar.

Em São Paulo, outro grupo, composto por Guido Gnocci, Hércules de Faria Leite e Virgílio Goulart Penteado, nasceu e, com o decorrer do tempo, formou-se o Grupo de Estudos Véritas. Este grupo incluiu Carmine e David, citados acima, e Francisco Plácido e Oswaldo Rezende Carrão. As atividades do núcleo foram tão bem dirigidas que podem ser vistas como a origem de todo o movimento teosófico no Estado de S. Paulo. Dele também fizeram parte o iminente cientista dr. Vital Brasil e sua irmã, a Professora Eunice Caldas, assim como o espírita Henrique Macedo. Macedo destacou-se por seu trabalho até muitos anos mais tarde.

A 17 de novembro de 1914, o Grupo de Estudos Albor, de Santos, SP, transforma-se em Loja, que permanece até hoje ativa.

Em 1915, o editor português A. M. Teixeira decide editar grande número de obras teosóficas. Em novembro daquele ano, a Loja Teosófica Véritas, transformação do Centro do mesmo nome, iniciou a publicação de uma nova revista de difusão, denominada também Véritas.

Em 1916 funda-se no Rio de Janeiro a Loja Teosófica Pitágoras. Em várias cidades do país, como Jaguarão, RS, e Passo Fundo, RS, fundam-se outros Centros de Estudo, mas todos parecem ter tido vida efêmera, e não há notícias sobre suas atividades.

Como sinal de que o movimento teosófico ganhava em qualidade e quantidade, começaram a surgir ataques à Sociedade em publicações sectárias. Em 1915, o Papa Bento XV chegou mesmo a excomungar os que a ela se filiassem. Um Papa João XXIII só apareceria muito mais tarde...

Mais obras teosóficas aparecem em nosso idioma, contribuindo para uma divulgação crescente da teosofia. Em 12 de outubro de 1918, é fundada em Manaus a Loja Jesus de Nazaré. Em princípios de 1919 vem a São Paulo o sr. Joaquim Velasco. Representante de diversas firmas comerciais estrangeiras em nosso país, Joaquim dava desde o começo um inestimável apoio aos companheiros do Rio de Janeiro. Em S. Paulo, entrou em contato com o grupo de estudos Véritas, antes mencionado. Já então, o grupo estava aumentado e contava com Antônio Castro Gomes, Bento Barreto, Lestychi de Rezende, Alfredo Campos e Luiz Abbate. Era tempo, pensaram, de que surgisse uma Loja. Feitos os preparativos, surge a 1° de fevereiro de 1919 a Loja São Paulo, tendo vindo do Rio certo número de companheiros para a cerimônia de fundação. Para alegria dos estudiosos paulistas, o sr. Álvaro Jorge, dono da Livraria Lealdade, importou grande quantidade de obras teosóficas.

Em Santos, Francisco Correa de Mello reunia um grupo de interessados em seu gabinete odontológico. Surge assim o Grupo de Estudos Arjuna, ainda em 1919. Francisco Correa de Mello havia fundado anteriormente, em Bragança Paulista, a revista Fraternidade – de vida muito curta.

No mesmo ano de 1919, a 13 de julho, é fundada a Loja Orfeu, no Rio de Janeiro. Em São Paulo, por influência do irmão Henrique Macedo, a sua associação denominada União Espírita de S. Paulo passou a chamar-se Sociedade Espiritualista Filosófica de São Paulo, tendo propósito de estimular a fraternidade sem distinção de sexo, raça, credo ou cor. A Sociedade funcionava à rua Quirino de Andrade.

Em visita a irmãos do Rio de Janeiro, o pioneiro Dario Velloso informa estar formando com outros teosofistas uma nova Loja em Curitiba. Seu nome seria Nova Krotona em homenagem a Pitágoras. Em novembro de 1919, atendendo a sugestão da dra. Annie Besant feita a seu representante para a América do Sul e retransmitida para o Rio de Janeiro, os teosofistas começam a articular a organização da Seção Nacional.

Dia 12 de novembro ocorreu um congresso na sede da Loja Perseverança. Estavam presentes representantes enviados pela Loja Jehoshua, de Porto Alegre, sr. Alfredo Haanvickel; Loja Albor, de Santos, José Joaquim Firmino; a própria Loja Perseverança estava representada oficialmente pelo cel. Raymundo Seidl. A representante da Loja Alcione, de Salvador, era dona Isolina Mendonça Firmino. A Loja Pitágoras, do Rio, estava representada oficialmente por Juvenal Mesquita; a Loja São Paulo, de SP, por Olavo Mesquita; a Loja Orfeu, do Rio, por Aleixo Alves de Souza; a Loja Jesus de Nazaré, de Manaus, por Giovani Leoni, e a Loja Arjuna, de Santos, foi representada por Joaquim Sarmanho.

Não mandaram representantes as Lojas Pax, de São Luís do Maranhão, e nova Krotona, de Curitiba. Aclamado presidente do Congresso, o coronel Raymundo Pinto Seidl teve como secretários Albino Monteiro e Juvenal Mesquita.

Foi feita a eleição do primeiro Secretário-Geral da Seção Nacional, cargo equivalente ao de presidente. Receberam votos os irmãos Permínio Carneiro Leão e Raymundo Pinto Seidl. Venceu Raymundo Seidl, tornando-se o primeiro presidente da S. T. no Brasil.

A Seção Nacional brasileira da ST foi constituída dia 17 de novembro de 1919, quase ao mesmo tempo que as Seções da Argentina, Chile, México e Uruguai.

Jehoshua, a mais antiga loja em funcionamento

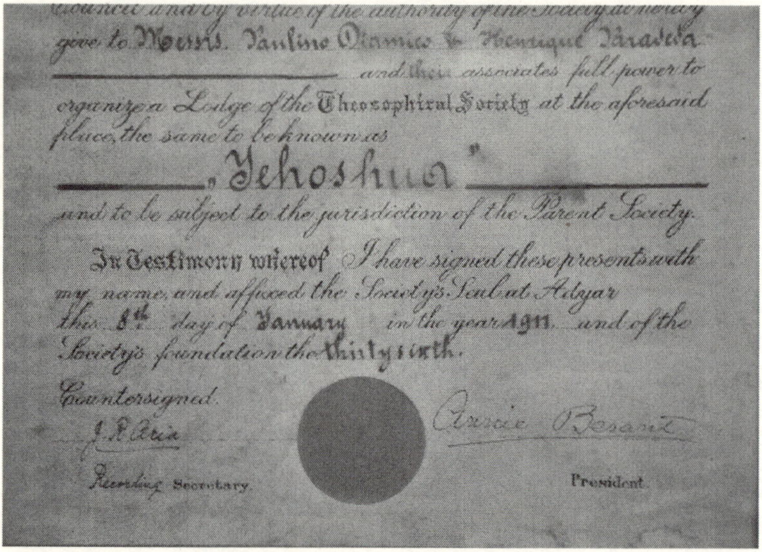

Council and by virtue of the authority of the Society do hereby give to Messrs. [illegible] & Henrique [illegible] and their associates full power to organize a Lodge of the Theosophical Society at the aforesaid place, the same to be known as

"Jehoshua"

and to be subject to the jurisdiction of the Parent Society.

In Testimony whereof I have signed these presents with my name, and affixed the Society's Seal at Adyar this 8th day of January in the year 1911 and of the Society's foundation the thirty sixth.

Countersigned.

J. R. Aria

Recording Secretary.

Annie Besant

President.

A Loja Teosófica Jehoshua é a mais antiga do Brasil ainda em atividade, tendo sido fundada em 1911. O certificado de fundação foi assinado por Annie Besant, a segunda presidente da Sociedade Teosófica internacional.

A Jehoshua foi uma das sete primeiras lojas teosóficas do país, lembrando que, no início todas as lojas eram filiadas à ST da Argentina. Em 1919, elas deram origem ao Departamento Nacional (Sociedade Teosófica no Brasil). Das sete inicias no país, somente três lojas continuam em atividade.

Em 2017, a Loja Jehoshua transferiu as suas atividades da cidade de Porto Alegre, onde funcionava desde a sua fundação, para Caxias do Sul (RS), fundindo-se ao Grupo de Estudos Teosóficos Filaleteus. Atualmente é a única Loja vinculada à Sociedade Teosófica em atividade no interior do estado.

Loja Teosófica Jehoshua, em 1919 (sentados da esquerda para a direita: Umbelina Bettiol, Leopoldo Bettiol, Carlos Saturnino Pinto, Dr. Edmundo Velho Monteiro e Margarida Soller; de pé: Amaro Candido Lopes, Manoel Garcia Ramires, Tenente Irineu Trajano da Silva, Virissimo Rosa, Paulino Diamico, Amilcare Ferreira e Fernando Medeiros)

Informações adicionais

Para completar e atualizar as informações anteriores vale lembrar a visita ao Brasil do renomado teosofista e escritor C. Jinarajadasa, que aqui esteve em 1928 e 1934, fazendo notáveis palestras públicas que trouxeram considerável estímulo ao trabalho teosófico no país. Além dos teosofistas desbravadores que viveram e trabalharam no Brasil mencionados no texto de João B. B. Pinto, destacaram-se posteriormente, mas também considerados pioneiros, Lourenço Borges e sua esposa, Piper Borges; M. C. Parolin; Aleixo Alves de Souza; J. Gervásio de Figueiredo e sua esposa, Cinira R. Figueiredo.

Em julho de 1993, o Oitavo Congresso Mundial da Sociedade Teosófica foi realizado em Brasília, onde foram recebidos delegados de mais de quarenta países.

Existem quatro centros teosóficos principais no país: a Seção Nacional localizada na cidade de Brasília; o Instituto Teosófico de Brasília, localizado na área rural próxima a Brasília; o Centro Raja, em bairro afastado de São Paulo, e o Instituto Teosófico Pitágoras, também naquela cidade. O Instituto Teosófico de Brasília, chamado Fazenda, tem uma linda cachoeira e extensos jardins; sala de aula, dormitórios, refeitório e dependências para meditação. Em 1989, foi fundada a Editora Teosófica que já editou cerca de 130 livros. Atualmente, a Sociedade Teosófica no Brasil possui 32 lojas e 18 centros de estudo, com uma participação ativa de 676 membros, sendo, ainda assim, a maior seção da América Latina.

A Seção Nacional publica um boletim trimestral, chamado *TheoSophia*, que publica artigos relevantes, relata o trabalho realizado pelos diversos departamentos e eventos, nacionais e locais. Há dois eventos regulares anuais que buscam congregar todos os membros da Sociedade, são eles: a Escola de Verão, em janeiro, e o seminário Teosofia-Ciência em julho.

Além do atual presidente, Sérgio Moraes Júnior, eleito em 2017 e com mandato até 2020, a Sociedade Teosófica no Brasil foi presidida pelos seguintes membros:

Raymundo Pinto Seidl:	1919-1927
Juvenal Mesquita:	1927-1930
Caio Lustoza Lemos:	1930-1935
Oswaldo Guimaraes:	1935-1936
Manuel Bandeira:	1936-1937
Oswaldo Silva:	1937-1937
Aleixo Alves de Souza:	1937-1946
Armando Salles:	1946-1964
Cinira Riedel Figueiredo:	1964-1967
Alberto Lyra:	1967-1970
Armando Salles:	1970-1973
Murillo Nunes de Azevedo:	1973-1982
João B. Brito Pinto:	1982-1988
Ulisses Riedel de Resende:	1988-1994
Alfredo Roman Puig Figueroa:	1994-1996
Ulisses Riedel de Resende:	1996-1999
Ricardo Lindemann:	1999-2008
Marcos Luís Borges de Resende:	2008-2017

II - Tempos Modernos (o Kali Yuga)[2]

Assim como o Satya Yuga é sempre o primeiro na série das Quatro Idades ou Yugas, o Kali Yuga é sempre o último.

O Kali reina agora na Índia, e parece que coincide com o da Idade do Ocidente. De qualquer modo, é curioso observar quão profético foi em quase todas as coisas o autor do Vishnu Purana, quando predisse a Maitreya alguns dos pecados e influências sombrias deste Kali Yuga. Depois de dizer que os "bárbaros" seriam senhores das margens do Índus, de Chandrabhâgâ e de Kashmir, acrescentou ele:

> Haverá monarcas contemporâneos reinando sobre a terra, reis de espírito mau e caráter violento, votados à mentira e à perversidade. Farão matar mulheres, crianças e vacas; apoderar-se-ão dos bens de seus súditos [ou, segundo outra tradução, cobiçarão as mulheres dos outros]; terão um poder limitado ... suas vidas serão curtas, seus desejos insaciáveis. Gentes de vários países, unindo-se a eles, seguirão o seu exemplo; e, sendo poderosos os bárbaros [na Índia], sob a proteção dos príncipes, e afastadas as tribos puras, perecerá o povo [ou, como diz o Comentador: 'Os Mlechchhas estarão no centro, e os Ários na ponta']. A riqueza e a piedade diminuirão dia-a-dia, até que o mundo se depravará por completo... A classe será conferida

[2] Este texto foi reproduzido *ipsis litteris* de parte do livro *A Doutrina Secreta* - Vol. 2, de Helena P. Blavatsky, Ed. Pensamento, 1973, pp. 84-85.

unicamente pelos haveres; a riqueza será a única fonte de devoção; a paixão o único laço de união entre os sexos; a falsidade o único fator de êxito nos litígios; e as mulheres serão usadas como objeto de satisfação puramente sensual... A aparência externa será o único distintivo das diversas ordens de vida; a falta de honestidade [anyâya] o meio universal de subsistência; a fraqueza a causa da dependência; a liberalidade valerá como devoção; o homem que for rico será reputado puro; o consentimento mútuo substituirá o casamento; os ricos trajes constituirão a dignidade.... Reinará o que for mais forte... o povo, não podendo suportar os pesados ônus [Kharabhâra, o peso dos impostos], buscará refúgio nos vales... Assim, na Idade Kali a decadência prosseguirá sem detenção, até que a raça humana se aproxime de seu aniquilamento [pralaya]. Quando... o fim da Idade Kali estiver perto, descerá sobre a Terra uma parte daquele Ser divino que existe por sua própria natureza espiritual [Kalki Avatar] ... dotado das oito faculdades sobre-humanas... Ele restabelecerá a justiça sobre a terra; e as mentes dos que viverem até o fim do Kali Yuga serão despertadas, e serão tão diáfanas como o cristal. Os homens assim transformados... serão como sementes de seres humanos, e darão nascimento a uma raça que seguirá as leis da Idade Krita [ou Idade de Pureza]. Como está dito: Quando o Sol e a Lua e [o Asterismo Lunar] Tishya e o planeta Júpiter estiverem na mesma casa, a Idade Krita [ou Satya] reaparecerá ...

III - O caminho da vida[3]

GEOFFREY HODSON

Geoffrey: Ó ser exaltado, ensina-me o caminho da vida.

Resposta: O caminho da vida, meu irmão, não é feito de uma só estrada, mas de muitas. Sete sendas[4] juntas compõem o caminho para os pés humanos. Dessas sete, muitas estradas são formadas, pois de suas voltas e curvas, de suas tessituras e entrelaçamentos um padrão místico é tecido. Desse padrão surgem todas as complexidades da vida espiritual, portanto o caminho não é único, mas múltiplo.

Ocultista, místico, servidor, ator, organizador, você pode ser, parecendo ter um pé agora neste, depois naquele caminho. Em seu caso, as sendas intimamente entretecidas pelas quais, em diferentes encarnações, você viajou estão encontrando, cada uma delas, sua expressão em sua constituição espiritual atual. Siga corajosamente todas elas, pois, se você pudesse ver, todas elas são uma só. Procure então ser o ocultista perfeito, o místico perfeito, o perfeito servidor, bebendo profundamente das fontes da vida que surgem de seu interior de cada um desses mananciais de vida. Erram, meu irmão, aqueles que consideram esses sete caminhos como separados e mutuamente destrutivos. Em seu caso, grande progresso pode ser feito em cada um se você simplesmente aproveitar as oportunidades que cada um oferece.

[3] Este texto foi copiado literalmente do livro *Luz do Santuário - O diário oculto de Geoffrey Hodson*, tradução de Raul Branco, **EDITORA DO CONHECIMENTO**, pp 73-74, como uma anotação relativa ao dia 21.11.1921.

[4] As Sete Sendas. Vide *Man: Whence, How and Whither*, p. 12, de A. Besant e C.W. Leadbeater.

Ocultista você pode se tornar; as sementes da vida oculta foram plantadas no Egito. Foi lá que começou a fase fenomênica de seu desenvolvimento psíquico. Por três vidas você estudou e batalhou pelos dons psíquicos que você agora possui. Passo a passo, você vai precisar dominar as vestimentas da alma. Ora trabalhando a partir de baixo, ora a partir de cima, quando o místico em seu interior for dominante ou subordinado. Místico você é, pois místico você foi na Grécia, na Ásia Menor e na Alemanha, alcançando naquelas vidas as alturas da suprema devoção e adoração, e recebendo das mãos de seu Instrutor entrada ao útero da natureza, do qual todos os místicos nascem. Do misticismo medieval você obteve um forte sabor. Aquele desenvolvimento e a colheita do que estava armazenado está afetando seu desenvolvimento espiritual neste período particular de sua vida, e os planetas em seus cursos combinam-se para despertar e estimular aquele lado de sua alma que anseia por união com o Todo.

A exaltação do místico vai tornar bem mais fácil o paciente autodesenvolvimento do ocultista-servidor. Você também está agora obedecendo verdadeiramente os mais profundos instintos de sua natureza, vivendo como um membro da E.E.[5] Um poderoso impulso para servir nasceu em você na Palestina, plantado naquela ocasião pelo grande Servo de todos nós. Obedecendo a Ele você vagou sem lar e sozinho, ao longo da costa mediterrânea e pela Europa, portando a Luz que foi acesa por Ele.

Animo-se, meu irmão, o alvorecer se aproxima, as barras de ferro do carma serão abertas; o Self será libertado.

[5] E.E.: A Escola Esotérica da Sociedade Teosófica.

IV - A vida de Geoffrey Hodson na Palestina[6]

GEOFFREY HODSON

Numa vida palestina daquela época, eu tive o privilégio de encontrar o Senhor Jesus, ainda que brevemente, apesar de ser em circunstâncias muito trágicas. Meu guia-servo, que era um Iniciado egípcio, havia me levado à pequenina cidade em que Jesus e um grupo de Seus discípulos eram esperados, em breve. Eu tinha perto de nove anos e estava respondendo aos ensinamentos ocultos que o guia me havia dado (na verdade ele veio para nossa casa para esse propósito), e estávamos esperando com um número considerável de pessoas reunidas no lado da rua para vê-Lo. Eu estava na fila da frente e meu guia logo atrás de mim, enquanto na minha frente estavam soldados romanos e outros homens armados agindo como policiais com armas semelhantes a lanças. O Mestre Jesus veio passando pelo portão de entrada curvo de pedra da cidade caminhando com vários de Seus associados seguindo-O.

Quando Ele chegou em frente de onde eu estava, a multidão atrás empurrou e fui jogado em cima do guarda em frente a mim. Isso o incomodou e ele deu meia-volta querendo punir alguém e pronto para me matar como um exemplo para manter o povo obediente. Vendo isso, meu guia veio para minha frente e recebeu a ponta da lança em seu peito e caiu morto aos meus pés. Eu fiquei furioso e estava preste a investir con-

[6] Este texto foi copiado literalmente do livro *Luz do Santuário - O diário oculto de Geoffrey Hodson*, tradução de Raul Branco, **EDITORA DO CONHECIMENTO**, pp 332-334, como uma anotação relativa ao dia 6.61975.

tra o soldado quando Jesus parou e voltou aproximando-se da cena. Ele disse, "Não agrida esse homem que estava simplesmente cumprindo com sua obrigação. Em vez disso expresse sua gratidão por aquele que fez tanto por você e agora deu sua vida, desta forma salvando a sua." Enquanto Ele falava nossos olhos ficaram como que unidos e eu senti um grande anseio de ser admitido em Seu grupo e Sua presença, dizendo, "Mestre, eu posso pertencer a Ti?", ou algo semelhante. Seus grandes e lindos olhos marrons olharam dentro dos meus, sem dúvida lendo meu destino, e recusou, dizendo em efeito, "Ainda não, Meu filho. Pois você tem obrigações de família para cuidar e deveres imediatos para realizar. Volte, portanto, e atenda às suas responsabilidades. Mais tarde, veremos o que pode ser feito." A pele do Mestre Jesus era levemente marrom, como se queimada de sol. Ele se conduzia de forma ereta ao caminhar pela rua seguido por muitas pessoas vestidas de inúmeras formas.

Fiz os arranjos para o enterro de meu guia e, com remorso e tristeza por um lado, e misticamente elevado por outro, voltei a casa como tinha sido instruído e cumpri com meus deveres. Em casa, eu tinha os mesmos sentimentos de pesar por um lado e exaltação por outro, já que uma influência mística e, por assim dizer, uma garantia havia passado do Mestre para a minha mente e coração, elevando-me consideravelmente. Eu ansiava ir para Ele ao ouvir falar de Suas viagens por nosso país, mas não podia fazer isso. Mais tarde naquela vida eu "vim" para Jesus e trabalhei por Sua causa pelo resto de minha vida, tendo passado todos meus deveres de família para um irmão mais novo. Ao fazer Seu trabalho, eu viajei e ensinei. Apesar de não ter estado presente, ouvi tudo o que aconteceu a Ele, incluindo Sua morte brutal e intempestiva.

Nesta vida no século vinte, olhando para trás, eu ainda O vejo como foi descrito, e em particular seus olhos maravilhosos olhando profundamente nos meus e vendo meu próprio Ser. Suas palavras permanecem em minha memória algo como: "Foi prometido a você que jamais seria abandonado por Mim ou afastado de tudo o que Eu represento e sou, incluindo a Luz que você viu brilhando ao Meu redor."

Contos assombrosos de Blavatsky

Apresentação

Na presente seção, pretendemos apresentar uma série de contos fantasmagóricos escritos magistralmente por Blavatsky em seu livro *The Nightmare Tales* (Os contos de Pesadelo). Além de transmitirem subliminarmente lições ocultistas e morais relevantes, as histórias, que se seguirão a cada novo volume da presente série de Luzes da Teosofia, deverão prender a atenção e a respiração dos leitores, sendo garantia de divertimento saudável. Ao ler cada narrativa, o leitor facilmente se ligará a uma ou mais personagens, sendo essa conexão e aquela entre diversão e ética que faz, à semelhança das fábulas bem contadas, o leitor perceber facilmente que está diante de um clássico e não desperdiçando o seu tempo com uma história mal contada.

Da introdução original do livro, extraímos as seguintes palavras de Annie Besant:

> O mundo conhece HPB principalmente por seu conhecimento enciclopédico, seus poderes ocultos e a sua coragem única. Este livrinho, composto de histórias produzidas por ela em seus momentos mais descontraídos, mostra-a como uma escritora espirituosa, dotada de imaginação brilhante. O estudante terá vislumbres da realidade sob o disfarce da fantasia e saberá que apenas a mão de um ocultista poderia ter dado certos toques às imagens retratadas.
>
> *The Nightmare Tales* foram reescritos durante os últimos meses da dolorosa vida da autora: quando cansada com a labuta enfadonha do *Glossário*

Teosófico, ela, que não podia ficar ociosa, voltou-se para este trabalho mais leve e encontrou nele diversão e relaxamento. Seus amigos de todas as partes do mundo darão as boas-vindas a este exemplo tão raro de utilização de dons em meio a tensão do trabalho mais duro.

O violino dotado de alma[1]

HELENA PETROVNA BLAVATSKY
Traduzido por Edilson Almeida Pedrosa

Parte I

Em certo dia de 1828, um velho professor de música alemão veio a Paris com um de seus discípulos e instalou-se modestamente num dos calmos subúrbios da grande metrópole. O ancião chamava-se Samuel Klaus, e o jovem respondia pelo nome muito mais poético de Franz Stenio. Este era, como diziam os rumores, um violinista dotado de talento musical extraordinário, quase milagroso. Mas, como era pobre e ainda sem fama na Europa, permaneceu vários anos desconhecido e não apreciado naquela cidade francesa, a metrópole que era o coração e o pulso da moda continental.

Franz Stenio era estírio[2] de nascimento e, nos dias a que nos vamos referir, ainda não contava trinta anos. Sonhador e filósofo por natureza, imbuído de todas as raridades místicas de um verdadeiro gênio, não parecia senão um desses heróis inquietantes dos *Contes Fantastiques* (Contos Fantásticos) de Hoffmann. Seus primeiros anos de vida foram cheios de acontecimentos inusuais, excêntricos, incríveis, e somos levados a contar brevemente a sua estória para melhor compreensão desta narrativa.

Nascido de camponeses muito religiosos, moradores de uma pequena e longínqua aldeia pacífica no coração dos Al-

[1] Originalmente denominado *The Ensouled Violin*, este artigo de Blavatsky foi publicado quase simultaneamente em Lúcifer, Vol. X, março e abril de 1892, e como parte do livreto chamado *Nightmare Tales*, editado ela H.P.B. Press de Londres.
[2] Nascido em Styer, cidade da Áustria. (NT).

pes stryanos, foi criado, segundo se disse, pelos próprios gnomos e outros gênios da região, que velaram solícitos em torno de seu berço. O menino cresceu, assim, nesse ambiente mágico de fantasmas, fadas e vampiros, que desempenha papel essencial em todos os lares de Styer, da Eslavônia e da Áustria Meridional.

Mais tarde, como estudante, educado à sombra dos antigos castelos renanos da Germânia, pode-se dizer que o jovem Franz tinha vivido toda a sua vida, até então, nesse emocionante plano chamado de sobrenatural. Também estudou, durante alguns anos, algo das ciências ocultas com um grande discípulo de Paracelso e Kunrath, motivo pelo qual era tão hábil em todo tipo de feitiçarias, inclusive de magia cerimonial e dos segredos teóricos da alquimia, tal como os mais espertos ciganos húngaros. Acima de tudo, porém, ele amava a música e, ainda mais, o seu violino.

Aos vinte e dois anos de idade, pôs de lado, subitamente, os seus estudos práticos de ocultismo e consagrou-se inteiramente à sua arte, embora permanecesse um adorador fiel dos deuses gregos, em especial das musas de Euterpe, em cujo altar prestava culto, e Orfeu, cuja lira mágica tentou emular com o seu violino. Exceto sua crença sonhadora nas ninfas e nas sereias, provavelmente devido à dupla relação das últimas com as musas por intermédio de Calíope e Orfeu, ele estava interessado, mas pouco, nas questões deste mundo sublunar. Como um incenso, as suas aspirações elevavam-se com a onda da harmonia celeste que retirava do seu instrumento, para uma superior e mais nobre esfera. Sonhava acordado e vivia um pensamento real, uma vida encantada somente durante aquelas horas em que o seu arco mágico o transportava ao longo das ondas de som até ao Olimpo pagão, para os pés de Euterpe. Criança estranha na sua própria casa, onde contos de magia e feitiçaria grassavam em cada centímetro do solo, ele tornara-se um rapaz ainda mais singular, até que finalmente floresceu na maturidade e chegou a homem adulto como se não tivesse tido juventude. Nunca uma face bela de mulher cativara o artista, nem por um momento os seus pensamentos tinham-se desviado dos seus estudos solitários para uma vida além daquela de um místico boêmio. Satisfeito com a sua própria companhia, havia passado os melhores anos da sua juventude e idade adulta com o seu violino, o seu principal ídolo, e com os deuses e deusas da antiga Grécia como público, na perfeita ignorância da vida prática. Toda a sua existência havia sido um ininterrupto sonho de harmonia e de luz e nunca tivera qualquer outra aspiração.

Quão vívidos, quão gloriosos, mas quão inúteis eram aqueles sonhos! Transformado num piscar de olhos neste ou naquele herói: desde Orfeu, que deixava sem fôlego toda a natureza, até o diabrete que tocava a sua flauta sob uma árvore qualquer para as ninfas aquáticas da fonte de cristal de Calírroe, não era ele tudo aquilo o que desejava ser? Não se divertiram as ninfas de pés suaves ao som da flauta mágica daquele pastor arcádio: quem seria ele? Olhai, a própria deusa do amor e da beleza deixava sua excelsa morada, atraída pela arte suprema das escalas de seu violino!...Veio, porém, um tempo em que preferiu Sírinx a Afrodite – não enquanto a bela ninfa perseguida por Pã, mas sim como os juncos nos quais ela foi transformada pelos deuses misericordiosos, a partir dos quais o frustrado deus dos pastores fez a sua flauta mágica. Mas também, com tempo, a ambição cresce e raramente é satisfeita.

Quando tocava no seu violino sons encantados que ressoavam na sua mente, todo o Parnaso ficava silencioso sob o feitiço ou assomáva-se em coro celestial. Mas, a audiência pela qual ele queria ser reconhecido não era composta propriamente pelos deuses cantados por Hesíodo, na verdade ansiava pelos mais reconhecidos melômanos das capitais europeias. Sentia ciúmes da flauta mágica e tê-la-ia alegremente sob o seu comando.

"Oh!" Lamentava-se, mais de uma vez, o jovem ao acordar de seus devaneios de uma arte nunca ouvida. "Oh, que eu pudesse abranger num voo espiritual o abismo do tempo! Oh, que eu próprio pudesse encontrar por um curto dia um conhecedor das artes secretas dos deuses, que pudesse ser eu um deus na visão e audição da humanidade extasiada e, tendo aprendido o mistério da lira de Orfeu ou aprisionado no interior do meu violino uma sereia, encantasse os mortais para minha própria glória!"

Dessa forma, Franz, tendo sonhado por vários anos na companhia dos deuses do seu agrado, devaneava agora com as glórias transitórias da fama neste mundo. Para sua desgraça, no entanto, teve subitamente que abandonar a universidades alemã onde estava há quase dois anos, uma vez que fora chamado à casa pela sua mãe já enviuvada. Esta chamada terminou com os seus planos, pelo menos no que concernia ao futuro imediato, pois que, fora de sua aldeia e do calor de sua casa, não contava com os meios suficientes para uma vida independente que não fosse na sua terra natal.

O seu retorno trouxe resultado completamente inesperado. A sua mãe, para quem ele era o único amor na Terra, faleceu pouco depois de ela ter estreitado em seus braços o seu amado filho caçula; e as comadres do burgo exercitaram as suas línguas ligeiras durante quase um mês a respeito das verdadeiras causas determinantes da morte.

A viúva, senhora Stenio, antes do regresso de seu Franz, era, com efeito, uma mulher de meia-idade forte e vigorosa; alma piedosa e por demais temente a Deus, que jamais faltou à missa nem deixou de orar diariamente durante os anos da ausência de seu filho. O primeiro domingo que se seguiu à chegada do jovem estudante, o dia pelo qual ela havia ansiado e antecipado durante meses em visões alegres, nas quais o via ajoelhar-se ao seu lado na pequena igreja da colina, ela chamou-o da base das escadas. Era o momento em que o seu sonho pio iria ser concretizado, e ela esperava por ele retirando cuidadosamente o pó do livrinho de orações que Franz havia usado na infância. Mas, em vez de Franz, foi o seu violino que respondeu ao chamado dela, que misturava a sua sonora voz com os tons quebrados do repicar dos sinos do feliz domingo. A mãe amorosa ficou um tanto chocada ao ouvir os inspiradores sons da oração afogados pelas estranhas e fantásticas notas de Dança das Bruxas[3]. Elas pareciam-lhe sobrenaturais e ridicularizadoras. A aldeã quase desmaiou ao ouvir a recusa peremptória do seu tão amado filho em ir à missa, que acrescentou friamente que todo momento passado na igreja era tempo perdido e, ademais, os ruidosos sons do

[3] *Aquelarre (Witches' Sabbath,* ou Sábado das Bruxas) — A suposta festa e assembleia de bruxas em algum local solitário, onde, diz-se, as bruxas comunica-

vetusto órgão abalavam os seus nervos de artista. Nada o iria submeter à tortura de ouvir aquele órgão rachado. Ele foi firme, e nada o poderia demover. Pôs fim às súplicas e protestos da sua mãe oferecendo-se para lhe tocar o "Hino ao Sol" que havia acabado de compor.

A Sra. Stenio perdeu, desde aquela triste manhã de domingo, a costumeira placidez de espírito e foi desafogar suas angústias e remorsos no confessionário. Um contínuo sobressalto, um profundo sentido de terror, que logo se tornou um estado crônico, perseguiu-a a partir daquele momento. As suas noites tornaram-se agitadas e sem sono, os seus dias passados em oração e lamentação. Na sua materna ansiedade pela salvação da alma do seu amado filho, pelo seu bem-estar *post mortem*, realizou uma série de votos temerários. Descobriu que nem a súplica em latim para a Mãe de Deus, escrita para ela pelo seu conselheiro espiritual, nem as suas humildes preces em alemão, dirigidas por ela própria a todos os santos que ela acreditava residirem no Paraíso, tiveram o efeito desejado, levando-a a peregrinar por distantes santuários. Numa dessas jornadas a uma capela sagrada situada bem no alto das montanhas, resfriou-se fortemente por entre os nevados campos do Tirol, e ao regressar prostrou-se doente numa cama para não mais se levantar. O voto da Sra. Stenio levou-a, de certa forma, ao resultado desejado. Em seu novo estado de após vida, foi dada à pobre mulher oportunidade de procurar pessoalmente os santos em que tanto acreditava, de suplicar cara a cara pelo desleal filho, o qual renegava a eles e à Igreja, zombava dos sacerdotes e do confessionário e tinha horror

---

vam-se diretamente com o diabo. Todas as raças e todos os povos creram nisso, e alguns ainda hoje o acreditam. Assim, costuma-se dizer que o principal ponto de reunião de todas as bruxas da Rússia é o Monto Calvo *(Lissaya Gorâ)*, próximo a Kiev; na Alemanha, o Brocken, nos Montes Harz. Na velha Boston (EUA) congregavam-se próximo ao Lago do Diabo, numa vasta selva, hoje desaparecida. Em Salem, os dignitários da Igreja mataram-nas à vontade e, na Carolina do Sul, uma feiticeira foi queimada no ano de 1865. Na Alemanha e Inglaterra, foram assassinadas aos milhares pela Igreja e pelo Estado, após serem obrigadas a mentir e confessar, através de tortura, sua participação no Sábado das Bruxas. [A noite de Santa Walpurgis, ou Walpurga, cuja festa cuja festa é pela Igreja dia 1° de maio, noite que ainda hoje as pessoas simples veem chegar com certo temor supersticioso, tornou-se famosa na Idade Média pelo *aquelarre (Sabbath) celebrado por* bruxos e bruxas na agreste montanha Brocken, ou Broksberg, o pico mais elevado do Hartz. Esta cena é magistralmente descrita na primeira parte do Fausto, de Goethe.] (Copiado do Glossário Teosófico, de HPB, no verbete Aquelarre).

invencível ao órgão.

Franz estava bem alheio à ideia de ter sido o verdadeiro causador da morte de sua mãe e lamentou-a de todo o coração. Inconsciente de ter sido o causador indireto do ocorrido, não sentiu remorsos e dali a poucas semanas vendeu todos os trastes de sua casa e as modestas benfeitorias de sua fazenda. Leve tanto de bolsa como de preocupações, resolveu viajar a pé durante alguns anos, antes de estabelecer-se numa profissão definitiva.

Possuído de um indefinido desejo de conhecer as grandes cidades da Europa e de tentar a sorte na França, Franz Stenio ocultava-se no fundo do seu projeto de viagem, mas os seus hábitos de vida boêmia eram demasiado fortes para serem abandonados repentinamente. Confiou, então, o seu pequeno capital a um banqueiro, prevenindo-se de um possível imprevisto, e iniciou a sua jornada pedestre pela Alemanha e Áustria. O seu violino pagou pelo seu transporte e alojamento nas pousadas e quintas no seu caminho, e passou os seus dias nos campos verdes e nos bosques solenes e silenciosos, frente a frente com a natureza e, como sempre, sonhando acordado. Em momento algum, durante os três meses das suas agradáveis viagens para a frente e para trás, jamais desceu do Parnaso. Ao contrário, tal como um alquimista que transmuta o chumbo em ouro, também ele transformava tudo no seu caminho numa canção de Hesíodo ou Anacreonte. Em cada sarau, enquanto tocava o seu violino para obter comida e cama, quer fosse num relvado ou no *hall* de uma rústica pousada, a sua imaginação mudava tudo ao seu redor. As moças e os jovens camponeses da vila transfiguravam-se em ninfas e pastores arcádios. O solo arenoso era agora um relvado verde; os toscos casais girando em redor numa valsa calculada com a graça selvagem de ursos domesticados tornavam-se sacerdotes e sacerdotisas de Terpsícore; as moças volumosas, com bochechas rosadas e olhos azuis, filhas da Alemanha rural, eram as Hespérides que circulavam ao redor de árvores carregadas com as maçãs de ouro. Nem as melodiosas composições dos semideuses arcádios, tocando flauta nos seus sírinxes, que eram audíveis apenas para o seu ouvido encantado, desapareciam com a aurora. Pois mal a cortina do sono era levantada dos seus olhos, partia para um novo reino mágico de fantasias. Seu violino, nos momentos solitários por que passava seu dono na selva mais espessa de pinheiros, parecia animar com forças de sagrada magia as próprias árvores, pedras, musgos, tudo quanto, como novo Orfeu, rodeava-o, embelezando. Tocou para o riacho alegremente sonoro e o apressado rio, e eles diminuíram a sua velocidade e pararam as suas ondas e, tornando-se silenciosos, pareciam ouvi-lo em êxtase. Mesmo a pernalta cegonha que se mantinha meditativamente sobre uma perna no telhado de palha do rústico moinho, procurando resolver o problema da sua demasiadamente longa existência, emitiu depois dele um longo e estridente grito, guinchando "És tu o próprio Orfeu, ó Stenio?"

Aquele foi um período de pura felicidade e contínua exaltação artística. As últimas palavras de sua mãe agonizante, que sussurrava em seus ouvidos todos os horrores de uma condenação eterna, jamais afetaram o jovem, e a única visão que a admoestação evocou nele foi a de Plutão. Por uma rápida associação de ideias, viu o senhor do escuro reino inferior cumprimentando-o tal como havia saudado o esposo de Eurídice antes dele. Encantado com o som mágico do seu violino, a roda de íxion parou uma vez mais, permitindo alívio ao deplorável sedutor de Juno e dando o repouso àqueles que clamam eternidade para a duração do castigo dos pecadores condenados. Apercebeu-se de Tântalo a esquecer-se da sua infindável sede e estalando os seus lábios enquanto bebia na melodia celestial; a pedra de Sísifo tornando-se imóvel, as próprias Fúrias sorrindo-lhe, e o soberano das melancólicas regiões deleitado, outorgava preferência ao seu violino sobre a lira de Orfeu. Vemos, pois, que a mitologia clássica era para Franz o antídoto mais seguro contra os terrores e ameaças teológicas, especialmente quando fortalecidas por um insano e apaixonado amor pela música. Euterpe, pela mão de seu fiel discípulo Franz, triunfava, enfim, mesmo no próprio inferno!

Há, porém, um fim para tudo, e cedo Franz teve de desistir de seus sonhos sem fim. Chegara certo dia à cidade universitária onde residia o seu antigo professor de violino, Samuel Klaus. Quando o antiquado músico viu o seu amado e favorito discípulo órfão, pobre de bolsa e ainda mais pobre de afetos terrenos, sentiu a sua forte ligação com o rapaz acordar com uma força decuplicada. Acolheu, assim, Franz no seu coração e imediatamente o adotou como filho.

O velho professor parecia evocar nas pessoas uma daquelas figuras grotescas que pareciam ter saído de algum painel medieval. No entanto, apesar de sua aparência de duende noturno, possuía um grande coração, uma alma cheia de ternuras femininas e uma abnegação não menor que a de qualquer mártir cristão. Ao contar-lhe, o jovem discípulo, a estória dos últimos anos de sua ausência, o velho mestre tomou-o pela mão e levando-o a seu estúdio, disse-lhe simplesmente:

– Abandona a vida errante e fica comigo. Poderás alcançar glória. Eu já sou velho e sem filhos e serei teu pai. Vivamos juntos e esqueçamos tudo, exceto a fama.

Em alguns dias, Klaus fez o jovem Franz esquecer-se de sua vida errante e a sua independência artística, despertando nele a sua antiga e adormecida ambição de fama mundial. Contente, desde a morte de sua mãe, apenas com o aplauso dos deuses e deusas que habitavam sua ardente fantasia, queria agora também o aplauso dos homens mortais.

Sob os severos ensinamentos de Klaus, o notável talento musical de Franz ganhava, a cada dia, maior vigor e charme, e a sua reputação estendia-se rapidamente em cada cidade e povoado onde era ouvido. A sua ambição estava concretizando-se rapidamente. Os grandes mestres dos vários centros musicais sob os quais o seu talento era submetido logo o proclamaram o melhor violinista do seu tempo, e o público declarou ruidosamente que ele não tinha rival à altura dentre todos aqueles que o tinham ouvido. Tais louvores logo fizeram com que o mestre e discípulo perdessem completamente a cabeça.

Paris, que faz reputações por si própria e não aceita ninguém por crer na opinião alheia, não concedeu ao jovem, de início, tamanha fama. Assim é que eles estavam já ali há três anos, e ainda se encontravam a escalar com dificuldade o calvário dos artistas, quando aconteceu um fato que pôs termo até mesmo às suas mais modestas expectativas. O primeiro concerto de Niccolo Paganini pôs Lutécia em intensa comoção. O incomparável artista chegou, e toda Paris caiu de uma só vez aos seus pés.

Parte II

Hoje é um fato bem conhecido a superstição nascida nos dias negros da crendice medieval e que sobreviveu praticamente até meado do nosso presente século que atribui todas as grandezas do gênio, como o demonstrado por Paganini, a uma atuação do sobrenatural. Sem exceção, os grandes e maravilhosos artistas foram acusados, nos seus dias, de terem feito pacto com o diabo. Bastarão alguns exemplos para refrescar a memória do leitor.

Tartini, o grande compositor e violinista do século XVII, foi denunciado como tendo recebido as suas melhores inspirações do demônio, com o qual mantinha, segundo se dizia, uma aliança permanente. A acusação deveu-se, claro está, à impressão quase mágica que causava sobre a sua audiência. A sua inspirada atuação no violino assegurou-lhe no seu país o título de Mestre das Nações. A *Sonate du Diable* (Sonata do Diabo), também chamada Sonho de Tartini – como diziam aqueles que já o tinham ouvido tocá-la – é a mais estranha melodia jamais ouvida ou inventada e, por isso, a maravilhosa composição tornou-se fonte inesgotável de lendas. Que não eram totalmente infundadas, pois foi o próprio Tartini que as originou. Ele confessou que a havia escrito ao acordar de um sonho durante o qual tinha ouvido a sonata tocada por Satã, para seu proveito, em seguida a um pacto que firmara com a majestade infernal.

A arte quase sobrenatural do maior violinista que o mundo conheceu foi objeto de muitas especulações e nunca foi compreendida. O efeito produzido por Paganini como o seu instrumento sobre os seus ouvintes era literalmente maravilhoso, esmagador. Diz-se que o grande Rossini chorou como uma sentimental donzela alemã ao ouvi-lo tocar pela primeira vez. A princesa Elisa de Lucca, irmã do grande Napoleão, a quem Paganini prestava serviço como diretor da sua orquestra privada, foi incapaz durante muito tempo de ouvi-lo sem que viesse a desmaiar imediatamente. Produzia, à sua vontade, ataques nervosos e histerias nas mulheres; levava homens com coração de pedra ao delírio. Transformava covardes em heróis e fazia os mais bravos soldados sentirem-se nervosos como meninas de escola. São espantosas as centenas de estranhas lendas que circularam durante anos sobre o misterioso genovês e em torno dele, esse Orfeu moderno da Europa. Uma delas era especialmente medonha. Dizia-se, e eram mais as pessoas a acreditar nisso do que aquelas que o admitiam, que as cordas do seu violino eram feitas de intestinos humanos, de acordo com todas as regras e requerimentos da arte negra.

Isso, com efeito, por mais exagerado que possa parecer, nada tem de impossível. É provável que tenha sido essa lenda que levou aos extraordinários eventos que estamos prestes a narrar. Os órgãos humanos são geralmente utilizados pelos chamados magos negros orientais. É fato comprovado que alguns praticantes do tantrismo bengalis (recitadores de tantras, ou "invocações ao demônio", tal como um referenciado escritor os descreveu) usam restos humanos, alguns órgãos internos e externos, como poderosos agentes mágicos para maus propósitos.

Agora que as forças magnéticas e mesméricas do hipnotismo são reconhecidas como fatos pela maioria dos médicos, pode ser sugerido, com menor risco do que anteriormente, que talvez os efeitos extraordinários da música do violino de Paganini não se devessem exclusivamente ao seu gênio e talento. A admiração e reverência que tão facilmente despertava eram causados principalmente pela sua aparência, que de acordo com os seus biógrafos "possuía algo de estranho e demoníaco", assim como pelo indizível encanto da sua execução e a notável habilidade técnica. Esta última é comprovada pela sua perfeita imitação do *flageolet*[4] e pelas suas longas e magníficas melodias com a utilização da corda Sol apenas, numa atuação que muitos artistas procuraram imitar sem sucesso e que se mantém incomparável até aos nossos dias.

Foi devido à sua aparência fora do comum, considerada excêntrica pelos seus amigos e diabólica pelas suas vítimas nervosas, que Paganini teve grandes dificuldades em refutar alguns dos mais repulsivos rumores a seu respeito. Rumores como tais podiam tomar corpo muito mais facilmente naquele tempo do agora, quando as pessoas são muito mais céti-

[4] Uma espécie de flauta – NT.

cas. Assim, em sua cidade natal e em toda a Itália era dito que Paganini havia assassinado a sua esposa e mais tarde uma amante, a qual, não obstante sua paixão, não hesitou em sacrificar com as próprias mãos para lograr suas diabólicas ambições. Sabia-se que ele tinha se tornado hábil nas artes necromânticas e, como tal, conseguiu incorporar as almas das suas duas vítimas no seu violino – no seu famoso cremona.

Os amigos próximos de Ernesto T. W. Hoffmann, o admirável autor de ***Die Elixire des Teufels, Meister Martin*** e outros arrebatadores e misteriosos contos, asseguram que o personagem Conselheiro Crespei de "O Violino de Cremona" fora inspirado no lendário caso de Paganini. É, como sabem todos aqueles que sabem ler, a história de um célebre violino no qual estava encerrada a voz e a alma de uma diva famosa, que Crespei havia amado e assassinado, incorporando ainda a seu instrumento a alma pura de sua própria filha, Antônia.

Tal superstição não era totalmente infundada, e Hoffmann não deveria ser censurado por adotá-la depois de ter visto a atuação de Paganini. A facilidade extraordinária com que o artista produzia não apenas sons divinos, mas nítidas vozes humanas com o seu violino justificavam a suspeita. Tais efeitos devem ter assombrado algumas audiências e lançado terror em muitos corações arrebatados. Se juntarmos a isso o mistério impenetrável de certo período da juventude de Paganini e as mais selváticas lendas sobre a sua figura, poderemos entender, de certo modo, que tais efeitos se justificavam e são até desculpáveis, mormente numa nação cujos antepassados conheceram as famosas famílias necromânticas dos Bórgias e dos Médicis.

Parte III

Franz dificilmente teria ouvido falar de Paganini naqueles dias pré-telegráficos, quando os jornais eram limitados e as asas da fama tinham voo mais pesado do que aquele que hoje têm. Porém, quando o ouviu, jurou competir, senão eclipsar, o mágico genovês. De fato, ou tornar-se-ia no mais famoso violinista de sua época ou faria em pedaços seu indócil instrumento e, em seguida, poria fim à própria vida.

O rapaz, devorado pela inveja, jurou competir com o mago

genovês e até superá-lo se pudesse. Sim, ou conseguiria o atrevido jovem ser o mais famoso de todos os violinistas de sua época ou faria em pedaços seu indócil instrumento! O velho Klaus aplaudia com toda a sua alma tão heroica determinação. Esfregava as mãos com alegria e, saltando sobre a sua perna manca, tal como um Sátiro estropiado, lisonjeava e adulava o seu discípulo predileto, como se cumprisse o sagrado dever de consagrar um herói em nome da mais santa e nobre causa da arte.

Franz tinha tudo ao seu alcance três anos antes, após a primeira visita a Paris, porém ele falhou. Os críticos musicais viam-no como estrela em ascensão, mas todos concordaram que ele necessitava de mais alguns anos de prática e esforço antes de pretender arrebatar o seu público. Foi assim que, depois de um estudo impetuoso de dois anos e ininterrupta preparação, o artista da Estíria estava finalmente preparado para uma séria aparição na grande Casa da Ópera, onde deveria realizar um concerto público perante os mais exigentes críticos do velho mundo. Contudo, a chegada de Paganini à metrópole europeia justamente naquele momento crucial colocara-lhe um obstáculo no caminho da realização de tão dourados sonhos, e o velho professor alemão adiou sabiamente a estreia do seu discípulo.

A princípio, Franz contentou-se em sorrir perante o selvático entusiasmo, os hinos de louvor quase supersticioso ao italiano e o assombro com que o seu nome era pronunciado. Cedo, porém, o nome Paganini tornou-se ferro em brasa para o coração dos dois artistas e um fantasma aterrador na mente de Klaus. Alguns dias mais tarde, tremiam perante qualquer menção do grande rival, cujo sucesso se tornava a cada noite mais incomparável.

A primeira série de concertos terminara sem que nem o velho nem o jovem houvessem podido ouvir Paganini e julgá-lo por si próprios. Eram tão exorbitantes os preços, mesmo os dos piores lugares, e tão pequena a esperança de que aquele grandessíssimo avaro viesse a se mostrar generoso para com um humilde e desconhecido irmão da arte, que tiveram de se resignar a esperar que a sorte lhes proporcionasse uma oportunidade, como fizeram tantos outros interessados. Mas chegou um dia em que lhes era impossível controlar a impaciência por mais tempo. Assim, empenharam os seus relógios e, com o ganho, compraram dois modestos lugares.

Quem pode descrever as emoções daquela noite, ao mesmo tempo feliz e fatal? O auditório estava frenético: os homens choravam e as senhoras guinchavam histéricas e desmaiavam, enquanto Klaus e Stenio postavam-se petrificados, mais pálidos que espectros. Ao brotar a primeira nota do mágico arco de Paganini, ambos sentiram um calafrio sobrenatural, como se a gelada mão da morte os houvesse tocado. Arrebatados por irresistível entusiasmo, que se transformou numa violenta e sublime tortura mental, nem se atreviam a olhar um para o outro ou a trocar uma palavra que fosse durante todo o espetáculo.

Acabada a função, à meia-noite, enquanto os delegados selecionados pela Sociedade Filarmônica e pelo Conservatório de Paris desatrelaram os cavalos do coche do colosso e o arrastaram em triunfo até sua casa, os dois infelizes alemães retornaram a seu modesto alojamento, ocupando seus costumeiros lugares. Um triste espetáculo de se ver. Enlutados e desesperados, sentaram-se nos seus respectivos lugares à lareira, e nem por um momento abriram a boca. Franz, pálido como a própria morte, rompeu o silêncio e exclamou:

– Samuel, já não nos resta nada senão morrer! Estás me ouvindo? Não valemos nada. Éramos loucos ao crer que alguém pudesse chegar a rivalizar com o... com ele!

O nome de Paganini ficou atravessado na sua garganta e em desespero profundo deixou-se abater sobre a sua poltrona.

A cara enrugada do professor tornou-se subitamente lívida. Os seus pequenos olhos cinzentos despendiam singular fosforescência e, inclinando-se em direção ao seu discípulo, sussurrou-lhe com voz entrecortada e cavernosa:

– Nein, nein! Tu te enganas, meu prezado Franz! Ensinei-te, e tu aprendeste da divina arte tudo quanto um simples mortal ou um cristão batizado pode ensinar a outro simples mortal. Deveria eu ser censurado por causa desses malditos italianos que, para reinarem sobranceiros no domínio da arte, recorreram a Satã e aos diabólicos efeitos da Magia Negra?

Franz, ao ouvir aquilo, olhou seu mestre. Havia uma luz

sinistra ardendo naqueles olhos fulgurantes, uma luz que dizia claramente que, para alcançar o poder, também ele não iria se importar de vender seu corpo e sua alma ao mesmíssimo diabo. Mas nada disseram os seus lábios contraídos e, não pronunciando uma única palavra, desviava os olhos da cara do seu velho mestre, contemplando sonhador as brasas mortiças. Então, os mesmos sonhos incoerentes de há muito esquecidos, os quais lhe pareciam realidade durante a sua juventude e que haviam sido completamente abandonados até desaparecerem gradualmente da sua consciência, voltavam agora com a mesma força e vivacidade de outrora. As austeras sombras de íxion, Sísifo e Tântalo ressuscitavam e permaneciam prante ele, dizendo:

– Que te podem importar os horrores de um inferno em que não acreditas? E ainda que o inferno exista, é o lugar descrito pelos antigos gregos e não este dos fanáticos modernos... uma vasta região cheia de sombras conscientes, dentre as quais nunca poderás chegar a ser um segundo Orfeu.

Franz enlouquecia por momentos e, voltando-se instintivamente, olhava uma vez mais para o seu velho mestre de modo singular. Os seus olhos vermelhos passaram depois a evitar o olhar de Klaus.

Se Samuel compreendia o terrível estado mental do seu discípulo e tentasse resgatá-lo, fazendo-o falar para, assim, desviá-lo dos seus pensamentos, deverá ficar como uma incógnita tanto para o leitor quanto para aquela que escreve. O que quer que tivesse em mente, o entusiasta alemão prosseguiu, falando com uma calma dissimulada:

– Franz, meu caro rapaz, asseguro-te que a arte do maldito italiano não é natural. Ela não se deve nem ao estudo nem ao seu gênio, senão que foi adquirida de forma inusual ou desnaturada. E não precisas de olhar para mim dessa forma selvagem, porque aquilo que eu digo anda nas bocas de milhões de pessoas. Escuta isso que te digo e tenta compreender. Conheces a estranha lenda murmurada acerca do famoso Tartini? Ele morreu numa agradável noite de Sabbath estrangulado pelo seu próprio demônio familiar, o mesmo que o havia ensinado a dotar o seu violino de voz humana, encerrando nele, por meio de encantamentos, a alma de uma jovem donzela.

– Paganini fez ainda mais. Para dar ao seu violino a capacidade de emitir sons humanos, tais como chorar, gritar, suplicar e gemer de amor ou de fúria, ou seja, os sons mais comoventes emitidos pela voz humana, ele se tornou assassino não só da sua esposa e da sua amante, mas também do amigo que lhe era mais carinhosamente apegado do que a qualquer outro ser neste mundo. Fez, então, as quatro cordas do seu violino mágico utilizando-se dos intestinos desta última vítima. Esse é o segredo do seu encantador talento, dessa avassaladora melodia, dessa combinação de sons que nunca serás capaz de dominar, a menos que...

O velho homem não pôde concluir a frase. Viu algo que o fez vacilar diante do olhar diabólico do discípulo enlouquecido e, então, cobriu o rosto com as mãos. Franz ofegava, e os seus olhos tinham uma expressão que lembraram a Klaus os de uma hiena. A sua palidez era cadavérica. Por algum tempo não foi capaz de falar, mas apenas de respirar a custo. Por fim, murmurou lentamente:

– Mas, falas seriamente?

– Sim estou, tanto quanto te pretendo ajudar.

Depois de um momento de pausa, escondendo o olhar, Franz perguntou:

– E... e acreditas que se eu obtivesse intestinos humanos para as cordas conseguiria rivalizar com Paganini?

O velho alemão descobriu o rosto e, como quem já tomou uma resolução heroica, acrescentou de modo sinistro:

Os intestinos humanos sozinhos não bastam por si só para se alcançar o nosso objetivo, antes eles devem ter pertencido a alguém a quem se haja querido com afeto desinteressado e santo. Tartini dotou seu violino com a alma de uma virgem que o amava e que morreu ao ver que o seu amor pelo grande músico não era correspondido. Aquele verdadeiro diabo humano recolheu em uma redoma o derradeiro alento da donzela, e logo o transferiu ao seu violino. Quanto a Paganini, na história que te contei, ele obteve o consentimento da sua vítima, e a matou para possuir os seus intestinos.

E acrescentou o ancião, voltando às superstições de sua juventude:

– Oh, divino poder da voz humana, não comparável a nenhum outro neste mundo, que magia há na Terra que se possa igualar à tua? Pensas, meu pobre rapaz, que não te ensinaria esse grande e último segredo se não fosse pelo fato de te lançar diretamente nas garras dele..., daquele cujo nome não pode ser pronunciado de noite?

Franz não respondeu. Porém, levantou-se de seu assento com uma calma terrível que dava calafrios, retirou o seu violino da parede onde estava pendurado e, agarrando com força as cordas, arrancou-as e lançou-as ao fogo. Samuel deu um grito horrorizado, pois elas, ao se queimarem, assobiavam sobre o carvão, onde entre a lenha em brasa, contorciam-se e enrolavam como se fossem cobras vivas.

Franz exclamou, espumando pela boca e com os olhos queimando como se fossem carvão:

– Pelas bruxas da Tessália e pelas negras artes de Circei! Pelas Fúrias do inferno e pelo próprio Plutão, juro, na vossa presença, ó Samuel, meu mestre, nunca mais tocar num violino até que consiga encordoá-lo com quatro cordas humanas. Que eu seja amaldiçoado para todo o sempre se o fizer!"

E caiu no chão desmaiado, soltando um profundo gemido que concluiu como um lamento fúnebre.

O velho Samuel ergueu-o, como se levantasse uma criança, carregando-o até a sua cama. Após o que, partiu em busca de um médico.

Parte IV

Depois daquela dolorosa cena, Franz Stenio lutou vários dias entre a vida e a morte. O médico afirmou que ele sofria de febre cerebral e que se podia temer pelo pior. O paciente permaneceu delirante durante nove longos dias, e Klaus, que cuidava dele noite e dia com a solicitude de uma mãe carinhosa, estava horrorizado com o resultado de sua própria obra. Desde que se conheceram, o velho professor, devido aos delírios brutais do seu aluno, conseguiu penetrar, pela primeira vez, nos recantos mais escuros daquela alma selvagem estranha, supersticiosa, impassível e apaixonada; e abalou-se com o que descobriu. Klaus viu o que não tinha antes percebido. Conheceu Franz como era na realidade e não como parecia aos observadores superficiais. A paixão pela música dava sustentação à vida deste jovem homem, e a adulação era o ar que respirava, sem a qual a vida se tornava um fardo; era unicamente nas cordas do seu violino que Stenio encontrava razão de ser e viver, e sem o aplauso dos homens ou mesmo dos deuses ele não se mantinha. Revelou-se perante os seus olhos uma alma genuinamente artística, mas muito apegada à matéria, com a sua contraparte divina completamente ausente, um filho das musas preso a uma poesia sofisticada e cerebral, mas sem um coração. Ao ouvir os delírios do ensandecido Franz, Klaus sentia, pela primeira vez na sua longa vida, que explorava a região fantástica e inexplorada de uma natureza humana que não era desta Terra, mas de um outro planeta em formação. O terror ante tudo isso levara-o também à enfermidade, e ele até se perguntou se não faria uma ação bondosa para com o jovem ao deixá-lo morrer antes que recobrasse os sentidos.

Não obstante, ele amava demasiadamente o "seu filho" para pensar por muito tempo em tal ideia. Franz havia enfeitiçado a alma essencialmente artística do mestre e agora a ele parecia que a vida dos dois achava-se irremediavelmente ligadas entre si. Foi algo como uma revelação, e tal convicção, fê-lo decidir, por fim, a salvar o rapaz, ainda que fosse à custa de sua gasta e inútil vida, como ele assim a considerava.

O sétimo dia de doença veio com a mais terrível crise. Durante vinte e quatro horas, o paciente jamais fechou os olhos nem permaneceu em silêncio por um momento sequer, tendo delirado durante todo o tempo. As suas visões eram peculiares, e ele descrevia cada uma delas minuciosamente. Figuras extravagantes e medonhas desfilavam contínua e lentamente na penumbra do seu pequeno e escuro quarto numa procissão regular e ininterrupta, e ele cumprimentava cada uma pelo seu nome, como se fossem velhas conhecidas. Acreditava ser um novo Prometeu, preso à rocha por quatro cordas feitas de intestinos humanos. No sopé do Monte Caucasiano, as águas negras do Rio Estígio corriam... tinham abandonado a Arcádia e, agora, esforçavam-se para dar sete voltas à rocha sobre a qual ele jazia a sofrer...

– Sabes como se chama a rocha de meu Cáucaso, velho?

Rugiu ao ouvido do seu pai adotivo...

– Ouve, então, ... o seu nome.... é... Samuel Klaus...

"Sim, sim!", o alemão murmurou desconsolado. "Eu mesmo é que o matei, ao tratar de consolar-te, matei-te imprudentemente. A notícia das artes mágicas de Paganini atingiu a tua imaginação, demasiado vivida.... Oh, meu pobre, pobre menino!"

"Ha, ha, ha, ha!" Replicou o enfermo numa risada gargalhada satânica. "Sim, pobre velho, dizes tu?... pois, pois, de qualquer modo, a tua pobre arte só parecerá bem quando esticada sob um magnífico violino cremona..."

Klaus sacudiu-se todo, mas não falou nada. Inclinou-se sobre o jovem ensandecido e com um beijo na sua testa, um suave e gentil afago como o de uma mãe carinhosa, retirou-se do quarto do doente por instantes para procurar conforto no seu próprio sótão. Quando voltou, percebeu que os delírios tomavam outro rumo: Franz cantava, tentando imitar os sons de um violino.

Com o avançar da noite, o delírio do doente tomou uma forma impossível de descrever. Ele via espíritos de fogo agarrando o seu violino. De cada dedo das suas mãos esqueléticas crescia uma garra de fogo que acenava para o velho Samuel... as suas mãos aproximavam-se e cercavam o velho professor e preparavam-se para abri-lo ao meio... ele, "o único homem nesta Terra que me ama altruisticamente, amor santo, e cujos intestinos podem ser bons!", continuou a sussurrar, com olhos brilhantes e riso demoníaco...

No outro dia, porém, a febre cessara, e Stenio pôde deixar o leito dois dias depois, não mantendo lembranças de sua enfermidade e sem suspeitar que, em seus delírios, havia deixado Klaus ler os seus pensamentos mais secretos... Teria Stenio qualquer conhecimento de que uma ideia tão horrível como a de sacrificar o seu velho mestre em prol da sua ambição tinha entrado na sua mente? Não. Dificilmente. O resultado único e imediato da sua fatal enfermidade foi que, em razão da promessa que fizera ao arrancar as cordas antigas de seu violino e da sua paixão artística que não encontrara uma válvula de escape, outra paixão despertou nele, a qual poderia servir para alimentar a sua fantasia e ambição insaciável. Enfronhou-se, sem hesitar, no estudo das artes ocultas, da alquimia e da magia. Na prática da magia, o jovem sonhador tentava abafar a sua ânsia insuportável pelo violino abandonado, cuja perda, como pensava, teria sido para sempre.

Passaram-se semanas e meses, e mestre discípulo nunca mais falaram sobre Paganini. Contudo, uma profunda melancolia abateu-se sobre Franz, e os dois mal se falavam. O violino permanecia mudo no seu habitual local, sem cordas, cheio de pó; não era senão um cadáver que a fatalidade havia interposto entre os dois.

O jovem tornou-se sombrio e sarcástico, passando a desviar-se cuidadosamente de qualquer conversação sobre música. Certo dia, quando o velho professor, depois de longa hesitação, tirou o seu próprio violino do estojo coberto de pó e preparou-se para tocar, Franz encolheu os ombros e não disse nada. Às primeiras notas, no entanto, olhou como um louco e disparou para a rua, por onde vagueou durante horas. Então o velho Samuel, por sua vez, arrojou o instrumento para o lado e trancou-se na sua alcova até à manhã seguinte.

Certa noite, enquanto Franz estava sentado, com um aspecto pálido e sombrio mais que o comum, o velho Samuel levantou-se repentinamente da sua cadeira, e salteando pelo quarto como um melro, dirigiu-se ao seu aluno, deu-lhe um grande beijo na testa e disse-lhe com voz estridente:

– Não é hora de pôr um fim a tudo isso?

Sobressaltado, Franz despertou de sua letargia habitual e respondeu como se estivesse sonhando:

– Sim! já é mais que tempo de pôr fim a isso.

Então, ambos foram dormir sem dizer mais nenhuma palavra.

Na manhã seguinte, Franz surpreendeu-se por não ver o velho professor no seu lugar de costume. Franz, porém, tinha mudado muito ao longo dos últimos meses e, a princípio, não prestou atenção à ausência do mestre, apesar desta não ser habitual. Vestiu-se e foi para sala de jantar que separava as alcovas. A lareira não tinha sido acesa desde que as brasas haviam se apagado na noite anterior, nem havia sinal das ocupações usuais do mestre. Estranhando tudo aquilo, Franz ocupou o seu lugar de sempre ao lado da lareira agora apagada e caiu num devaneio sem rumo. Enquanto se espreguiçava na sua velha poltrona, levantou as duas mãos e apertou-as por trás da cabeça, na sua posição favorita. A sua mão tocou em algo na prateleira atrás de si, bateu numa caixa que caiu ao solo com estrépito.

Era o estojo do violino de Klaus que caíra e rolara até os pés do discípulo. Em seguida, as cordas esbarraram na lareira de latão e emitiram um som prolongado, triste e melancólico, um gemido lastimoso que pareceu preencher toda a sala, ecoando na cabeça e no coração do jovem. Aquela corda quebrada do violino produziu um efeito mágico.

"Samuel, Samuel!" Gritou Stenio com os olhos esbugalhados. E de repente, um terror desconhecido tomou conta do seu ser. "Samuel! Que aconteceu? ... Meu bom, meu querido e velho mestre!" chamou-o e correu para a pequena sala do professor, abrindo a porta violentamente. Ninguém respondeu, tudo permanecia em silêncio.

Franz retrocedeu assustado com o som da própria voz, que lhe pareceu, nesse momento, mudada e rouca. Não houve qualquer resposta à sua chamada. Nada aconteceu, prevaleceu um silêncio mortal ... aquela paz que pertence ao domínio dos sons e que geralmente significa a morte. Na presença de um cadáver, como na quietude lúgubre de um túmulo, o silêncio adquire um poder misterioso que fulmina a alma sensível com um terror sem nome... O pequeno quarto estava às escuras, e Franz apressou-se em abrir as persianas.

Samuel encontrava-se deitado sem vida na sua cama, frio, hirto. Franz experimentou uma revolta e um choque terrível ao ver o cadáver daquele que o amara tanto e que tinha sido para ele mais do que um pai. A ambição fanática do artista sobrepôs-se, porém, ao desespero do homem, sufocando os sentimentos deste em poucos segundos. Foi quando sua vista ainda perturbada se fixou em uma carta que lhe era dirigida e que dizia:

> "Franz, filho querido,
>
> "Quando leres esta, teu velho mestre e amigo já terá feito o maior sacrifício que poderia fazer para a tua

fama. Ele, que tanto te amava, é agora um pedaço inanimado de barro. Do teu velho professor, resta apenas um pedaço frio de matéria orgânica. Já sabes o que te cabe fazer. Não temas preconceitos idiotas. Por tua futura fama é que faço do meu corpo uma oferenda, serias culpado da mais negra ingratidão se tornasses inútil este meu sacrifício. Quando tiveres substituído as cordas do teu violino, sendo estas cordas uma parte do meu próprio ser, ele adquirirá sob o teu toque o poder daquele feiticeiro maldito, todas as vozes mágicas do instrumento de Paganini. Vais encontrar nele os ecos da minha voz, os meus suspiros e gemidos, a minha canção de boas-vindas, enfim, todas as entonações mais patéticas de meu imenso amor por ti. Assim, pois, meu Franz, nada temas: não vaciles! Leva o teu instrumento contigo e segue os passos daquele que semeou o desespero e a desgraça na senda de nossas ilusões... Apresenta-te em cada arena onde ele tem reinado sem um rival e lança-lhe corajosa e frontalmente um desafio. Ó Franz! Só então ouvirás o poder mágico das notas repletas de amor desinteressado que o teu violino emitirá. Talvez, com um último toque, acariciando as suas cordas, lembrar-te-ás que uma vez elas foram parte do corpo do teu velho mestre, que agora te abraça e abençoa pela última vez. Samuel."

Duas lágrimas ardentes que relutavam em brotar dos olhos de Franz secaram quase antes de surgirem, enquanto que os seus olhos, com fulgores demoníacos, originados de seu orgulho e ambição sem limites, permaneciam fixos no medonho rosto do cadáver.

A pena resiste a escrever o que ali se passou mais tarde, depois de cumpridos os trâmites legais. O abnegado Samuel Klaus, com vista a satisfazer as autoridades e assegurar a impunidade de seu discípulo, havia previsto tudo e escrito outra carta à Justiça para que ninguém fosse responsabilizado pela sua morte. O veredicto foi, então: "Suicídio de causas desconhecidas". Depois da autópsia, o médico legista e a polícia retiraram-se, e o cadáver do pobre Klaus ficou sozinho no quarto da morte à completa disposição de seu herdeiro.

Mal transcorreram duas semanas desde aquele funesto dia, o violino de Franz já fora tirado de seu lugar, e quatro novas cordas grossas foram aplicadas e esticadas. Seu dono, o impassível Franz Stenio nem ao menos se atrevia a olhá-las. Tentou tocar, mas o arco tremia na sua mão, tal como um punhal nas mãos de um bandido inexperiente. Resolveu, então, não tocar novamente até que chegasse a memorável noite em que houvesse de competir com Paganini e, sem dúvida, até superá-lo.

O estupendo artista já tinha, entretanto, deixado Paris e estava dando uma série de magníficos concertos numa antiga cidade flamenga da Bélgica.

Parte V

Uma noite, encontrava-se o maestro Paganini no refeitório do seu hotel, cercado por uma multidão de admiradores, quando se acercou dele um estranho jovem com olhos selvagens e fixos, que lhe entregou um cartão de visita com umas tantas linhas a lápis.

Lançando sobre o intruso um olhar que poucas pessoas poderiam sustentar, e recebendo de volta um olhar tão calmo e determinado como o seu próprio, Paganini fez uma ligeira mesura, e disse secamente:

— Cavaleiro, será como desejas. Diga a noite. Estou à tua completa disposição.

No dia seguinte, a cidade estava estupefata com o surgimento de notas afixadas nas esquinas de todas as ruas com o estranho anúncio:

"Na noite de ..., no Grande Teatro ..., estreará perante o público Franz Stenio, um violonista alemão chegado a esta cidade com o objetivo de medir seus dotes musicais como violinista com o mundialmente famoso Paganini, competindo na interpretação de suas mais difíceis composições. O repto foi aceito nobremente por Paganini. Na disputa com o violinista sem rivais, o desafiante Franz Stenio vai tocar a famosa *Fantaisie Caprice* deste último, mais conhecida como Dança das Bruxas."

O efeito do aviso foi mágico, o que já era previsto pelo avaro Paganini, que nunca perdeu de vista os seus interesses financeiros em meio dos seus maiores triunfos. Assim, ele havia dobrado o preço normal do bilhete. Nada obstante, o teatro não poderia albergar as multidões que se reuniriam para garantir lugar para aquela memorável atuação.

Por fim, a manhã do dia do concerto chegou e não se falava de outra coisa na cidade e nas vizinhanças. Franz Stenio, sem sono, passara as horas infindáveis da madrugada anterior a andar de um lado para o outro no seu aposento como se fora uma fera enjaulada, caindo em sua cama, ao amanhecer, esgotado fisicamente. Aos poucos, passou de um estado quase comatoso para outro de descanso sem sonho. No sombrio amanhecer de inverno, acordou, mas deixou-se adormecer novamente, julgando que era demasiado cedo para se levantar. Teve, então, um macabro pesadelo, que mais parecia realidade do que sonho de tão real que fora, dando-lhe a certeza de se tratar de uma visão e não de um sonho.

Ele havia deixado o violino trancado no seu estojo sobre a mesa-de-cabeceira, cuja chave nunca havia abandonado. Desde o instante que o havia afinado com aqueles terríveis acordes, nunca mais o largou de vista, nem ao menos por um momento. Conforme já havia decido não tocara o seu violino desde o seu primeiro ensaio, e o seu arco nunca, a não ser uma única vez, tinha roçado as cordas humanas, pois havia sempre se exercitado noutro instrumento. No seu sono, viu-se a olhar para o estojo fechado, e havia algo nele que atraía a sua atenção, impossibilitando-o de afastar os olhos dele. De súbito, viu a tampa da caixa levantar-se lentamente e dentro entreviu dois pequenos olhos verdes fosforescentes, olhos demasiados familiares para ele, fixando-se nos dele de forma afetuosa e quase suplicante. Em seguida, uma voz difusa e estridente, como que enviada pelo horrível olhar, a própria voz e olhar de Samuel Klaus, ressoou ao ouvido horrorizado de Stenio e dizia-lhe:

"Franz, meu querido rapaz.... Franz, eu não posso, não, eu não posso me separar... delas!" As vozes soaram de forma comovente de dentro do estojo.

Franz, dominado pelo medo e sem palavras, sentia verdadeiramente o sangue congelar nas veias, e os cabelos eriçarem-se. "É só um sonho, um sonho sem sentido!", dizia ele tentando se convencer.

"Fiz todo o possível, Franzinho, tentei o meu melhor para desligar-me destas malditas cordas, sem as desfazer...", rogou a mesma voz estridente e familiar. "Você me ajudará a fazer isso?"

Os sons foram se tornando mais e mais agudos até ficarem fortes e estridentes, espalhando-se em todas as direções. Como um poder interior, algo vivo e serpenteante, as notas tornarem-se mais finas e mais irregulares a cada nova sacudidela.

Esta não fora a primeira vez que Stenio ouvira estes sons. Já os tinha notado anteriormente amiúde; na verdade, desde que tinha usado as vísceras do seu mestre para dar suporte à sua própria ambição. Mas, sempre que isso acontecia, uma sensação arrepiante impedia-o de investigar a causa, e ele vinha conseguindo, até então, persuadir-se de que se tratava meramente de uma alucinação.

Mas agora que estava frente a frente com o doloroso fato, se era um sonho ou realidade ele não o sabia, nem queria saber, de vez que a suposta alucinação era mais real e vivida do que qualquer realidade do mundo objetivo, sentia-se inevitavelmente paralisado. Tentou falar, dar um passo, mas não era capaz de pronunciar uma só palavra ou de mover um dedo, tal como acontece quase sempre nos pesadelos...

Os solavancos foram se tornando mais extremos a cada momento e, por fim, algo dentro do estojo estalou violentamente. A visão do seu stradivarius desprovido das suas cordas mágicas surgia diante dos olhos, provocando-lhe um suor frio de mudez e terror indizíveis.

O jovem fez um esforço supremo para se livrar dos pesadelos que o obcecavam, ao tempo em que um último sussurro suplicante da invisível presença repetia:

– Põe fim, ó, põe fim ... ajuda-me a desprender-me!

Franz saltou sobre o estojo como um tigre enraivecido que disputa a sua presa e, com agitado esforço, quebrou o feitiço, gritando num tom áspero e vacilante:

— Deixa o violino em paz, velho demônio do inferno!

Simultaneamente, fechou com violência a tampa que se tinha aberto por si própria e, enquanto a pressionava firmemente com a sua mão esquerda, agarrava com a direita um pedaço de breu de cima da mesa, desenhando no topo do tampo de couro o signo do Rei Salomão, o pentáculo, a estrela de seis pontas – o símbolo usado por aquele rei para enclausurar *djinns* rebeldes em suas redomas.

Um gemido ressoou dentro do estojo do violino, mais parecendo o uivo de uma loba que se lamenta da morte dos filhos pequenos. "Tu és ingrato... muito ingrato, meu amado Franz", soluçou a voz-espírito, desmanchando-se em lágrimas.

– Mas eu perdoo-te... pelo muito que ainda te estimo! No entanto, não me podes aprisionar.... rapaz. Eis aqui...observa!

E, ao dizer isso, uma névoa cinzenta cobriu o estojo e a mesa, estendendo-se por todo o aposento. A neblina se elevou e criou uma forma indistinta, que começou a crescer e, enquanto assim o fazia, Franz ia se sentindo tomado gradualmente pela friagem e envolvido em espirais viscosas de humidade, qual anéis de enormes serpentes.

O desventurado deu um grito terrível e despertou. Estranhamente, porém, não na sua cama, mas perto da mesa, tal como tinha sonhado, pressionando desesperadamente o estojo do violino com as duas mãos.

"Não foi senão um sonho .... apesar de tudo", murmurou ele ainda aterrorizado, libertando-se do peso da caixa do seu *stradivarius* que apertava contra o peito arfante.

Franz recompôs-se com grande esforço e destrancou o estojo para inspecionar o violino. Encontrou-o cheio de pó, mas funcionando. De repente, sentiu-se renovado e determinado como nunca.

Após limpar o instrumento com esmero, passou resina no arco, apertou e afinou as cordas. No início, fez tudo cuidadosa e timidamente, para depois usar o arco de forma ousada e em plena força, chegando até a ensaiar as notas iniciais das Bruxas. O som daquelas primeiras notas da peça, desafiadoras como a trombeta de guerra de um conquistador e, ao mesmo tempo, doces e majestosas como arpejos de serafins nas suas harpas de ouro para o deleite dos crentes, vibrou na própria alma de Franz, revelando-lhe nova e insuspeita potência do seu arco, que percorreu a composição, enchendo a sala com a mais esplendorosa onda melódica, inédita aos ouvidos do artista, até aquela noite.

Começando por tons ininterruptos de legato, o cântico do seu arco soava-lhe como a esperança e a beleza das noites de luar, quando a leve e balsâmica quietude dotava cada folha de grama e todas as coisas animadas ou inanimadas com uma voz e uma canção de amor. Por alguns breves momentos, uma torrente melodiosa, cuja harmonia, "afinada para suavizar a dor", foi calculada para fazer com que as montanhas chorassem, caso houvesse alguma na sala, e acalmá-las... e mesmo os poderes inexoráveis do inferno, cuja presença foi inegavelmente sentida neste modesto quarto de hotel. De repente, o solene cântico do legato, contrário a todas as leis da harmonia, estremeceu, tornou-se harpejo e terminou em *staccatos* estridentes, como os sons do riso de uma hiena. A mesma sensação arrepiante de terror que ele já tinha sentido anteriormente voltou a apoderar-se dele, e Franz atirou o arco para longe. Ele havia reconhecido o riso familiar e não toleraria mais daquilo. Vestindo-se, fechou com segurança o violino dentro do estojo e, levando-o para a sala de jantar, decidiu aguardar em silêncio a hora do julgamento.

Parte VI

O momento supremo tinha chegado, e Stenio achava-se em seu posto tranquilo, resoluto e quase sorridente.

O teatro estava completamente lotado e não havia lugar em pé na sala que pudesse ser comprado por qualquer quantia ou obtido por favoritismo. O singular desafio alcançara cada quarteirão que o correio pôde chegar, e o ouro fluía livremente para os bolsos insondáveis de Paganini, numa medida quase satisfatória até mesmo para a sua alma insaciável e mercenária.

Cabia ao famoso maestro começar.

Quando entrou em cena, as paredes do salão vibraram com os aplausos que o saudavam. Ele começou e terminou com a sua famosa As Bruxas no meio de uma onda de aplausos. Os gritos de entusiasmo foram tantos e tão demorados que fizeram Franz acreditar que a sua vez não chegaria nunca. Quando, por fim, no meio de ruidosos aplausos de um público frenético, foi permitido a Paganini retirar-se para os bastidores, os seus olhos recaíram sobre Stenio, que estava a afinar o seu violino, e ele ficou espantado com a calma serena e o ar de confiança do desconhecido artista alemão.

Quando Franz se aproximou do palco, foi recebido com glacial frieza. Ele, apesar disto, não se sentia minimamente desconcertado. Parecia muito pálido, mas os seus finos lábios brancos apresentavam um sorriso desdenhoso como resposta a essa indesejável recepção. Tinha certeza do seu triunfo. Às primeiras notas do prelúdio de As Bruxas, uma reação de espanto tomou conta da audiência. Sim, a execução musical era a mesma de Paganini, mas havia qualquer coisa mais. Não poucos chegaram a pensar que, nem mesmo nos seus melhores momentos de inspiração, o próprio artista italiano tivesse exibido tamanho poder diabólico ao executar aquela sua infernal composição. Sob a pressão dos dedos longos e musculosos de Franz, os acordes estremeciam como os intestinos palpitantes de uma vítima estripada sob a faca de um vivissecionista e gemiam melodiosamente como crianças moribundas. Os grandes olhos azuis do artista, fixados com uma expressão satânica sobre a caixa de ressonância, parecia evocar Orfeu das regiões infernais, em vez das notas musicais que deveriam ser geradas nas profundezas do violino. Os sons pareciam se transformar em formas objetivas, densas e precipitadas, que se uniam diante da evocação de um poderoso mago e giravam à sua volta como um exército de fantásticas figuras infernais, executando a "dança da cabra" das bruxas. Atrás do artista, nas profundezas vazias do fundo sombrio do palco, uma fantasmagoria inominável, produzida pelo encontro de vibrações sobrenaturais, pareciam formar imagens de orgias desavergonhadas, de hímens voluptuosos, de um verdadeiro *Sabbath* de bruxas. O público viu-se, assim, presa de inevitável alucinação coletiva. Todos estavam ofegantes, paralisados e, demonstrando um horror inexpressivo, permaneciam encolhidos em seus assentos, incapazes de quebrar o feitiço da música por meio do mínimo movimento. Experimentavam todo o ilícito enervante das delícias do paraíso de Maomé, que se tornara numa desordenada fantasia de muçulmanos consumidores de ópio, e sentiram ao mesmo tempo o terror abjeto, a agonia de quem luta contra um tremendo ataque de delírio. Muitas senhoras gritavam em voz alta, outras desmaiavam, e homens fortes rilhavam os dentes, num estado de total desamparo...

Veio, então o *finale*. O aplauso ininterrupto e estrondoso atrasou o seu início, ampliando a pausa momentânea por quase um quarto de hora. Os bravos eram furiosos, quase histéricos. Finalmente, depois de uma profunda e última reverência, Stenio, cujo sorriso era tão sarcástico quanto triunfante, ergueu o seu arco para atacar o famoso final, com os olhos em Paganini, que calmamente sentado no camarote do diretor, absteve-se dos zelosos aplausos. Os pequenos e penetrantes olhos negros do artista genovês estavam fixos no stradivarius nas mãos de Franz, mas, por outro lado, parecia bastante frio e desinteressado. O rosto do seu rival preocupou-o, por um breve momento, mas recuperou a sua pose e, levantando mais uma vez o arco, lançou a primeira nota.

O entusiasmo do público atingiu, então, o clímax e não teve limites. O público escutou e viu de verdade. As vozes das bruxas ecoaram no ar e, sobre todas as outras vozes, uma voz foi ouvida,

Dissonante e distinta de sons humanos;
Parecia cães a latir, e lobos a uivar;
Os ritos lúgubres da coruja da meia-noite;
O silvo das cobras, o rugido de um leão com fome;
O som de enormes vagas batendo na costa;
O gemido dos ventos por entre florestas frondosas;
A explosão de um trovão rasgando a nuvem;
Foram estas, todas estas numa só...

O arco mágico lançava os seus últimos acordes trêmulos – famosos entre os feitos musicais prodigiosos – imitando a fuga precipitada das bruxas antes do amanhecer, das mulheres profanas saturadas com a fumaça das suas orgias noturnas, quando algo estranho aconteceu no palco. Sem a menor transição, as notas mudaram de repente. No seu voo de subida e de descida, a sua melodia foi inesperadamente alterada na sua coerência. Os sons tornaram-se confusos, dispersos, desconectados... e então – parecia a partir da caixa de ressonância do violino – saíram ruídos chocantes, como os de lutas de rua, gritando do alto uma voz senil:

— Estás satisfeito, Franz, meu rapaz... não mantive de modo glorioso a minha promessa, hein?

Cumpri, ou não cumpri minha promessa, Franz, filho querido? Estás, pois, contente comigo e o com o meu sacrifício?

O feitiço foi quebrado. Embora ainda incapazes de perceber toda a situação, aqueles que ouviram a voz e os tons de uma personagem grotesca foram libertados, como que por magia, do terrível feitiço sob o qual tinham sido aprisionados. Altos rugidos de riso, exclamações zombeteiras meio de raiva e irritação foram agora ouvidos de todos os cantos do vasto teatro. Os músicos da orquestra, com rostos ainda pálidos pela estranha emoção, foram agora vistos sacudindo-se de tanto rir, e toda a audiência levantou-se dos seus assentos, como se fosse um único homem, incapaz ainda de resolver o enigma; as pessoas sentiram-se, contudo, demasiado enjoadas e propensas ao riso para continuar por mais um momento que fosse no edifício.

Mas, de repente, o mar de cabeças em movimento nas baias e no fosso ficou novamente imóvel, petrificado, como que atingido por um raio. O que todos viram foi suficientemente terrível: o rosto bonito, embora selvagem, do jovem artista, subitamente envelhecido, e a sua graciosa figura ereta curvada, como que sob o peso dos anos; mas isso não era nada para aquilo que alguns dos mais sensíveis claramente percebiam. A pessoa de Franz Stenio estava agora inteiramente envolta numa névoa semitransparente, quase nuvem, que se arrastava num movimento serpentiforme e, gradualmente, engolfava a forma viva, como que pronto a engoli-la. Houve também quem distinguisse nessa alta e abominável coluna de fumo uma figura bem definida, uma forma que mostrava os contornos inconfundíveis de um homem grotesco e sorridente, mas terrivelmente feio, cujas vísceras saltavam para fora e tinham as extremidades esticadas no violino.

Dentro desse véu nebuloso e trêmulo, o violinista foi, então, visto esfregando furiosamente o seu arco nas cordas humanas, com as contorções de um endemoninhado, tal como os vemos representadas em pinturas de catedrais medievais.

Pânico indescritível perpassou os presentes, e agora, pela última vez, pela magia que novamente os unia imobilizados, cada criatura viva no teatro disparou em louca corrida em direção à porta. Era como a súbita explosão de uma barragem, uma torrente humana, rugindo em meio a uma chuva de notas discordantes, guinchos idiotas, gemidos prolongados e lamentosos, gritos de frenesi cacofônico, acima dos quais, como as detonações de tiros de pistola, ouviu-se o rompimento das quatro cordas esticadas sobre a placa de som do violino enfeitiçado.

Quando o teatro foi esvaziado até o último homem da audiência, o apavorado gerente correu para o palco à procura do infeliz artista. Foi encontrado morto e já rígido, por detrás das luzes da ribalta, contorcido nas posturas mais antinaturais possíveis, com as cordas do violino enroladas curiosamente em volta do seu pescoço, e o violino estilhaçado em mil fragmentos...

Quando se tornou público que o infeliz pretendente a Niccolo Paganini não havia deixado um centavo para pagar seu funeral e o seu hotel, o genovês, apesar de sua mesquinhez proverbial, pagou a conta do hotel e teve o pobre Stenio enterrado às suas próprias expensas. Reivindicou, contudo, em compensação, os fragmentos do stradivarius como recordação do estranho evento.

Índice dos artigos até agora editados

Volume 1

Volume 2

Os Habitantes dos Mundos Invisíveis

EDILSON ALMEIDA PEDROSA

14x21cm, 194 p.

Habitantes dos Mundos Invisíveis é uma obra de grande importância e significado para todos os espiritualistas, pesquisadores e interessados nos assuntos transcendentais. Versa sobre os moradores dos mundos invisíveis que rodeiam a Terra, destacando-se por sua clareza, objetividade, profundidade e rigor conceitual, dificilmente encontrados em obras do gênero, sendo notável também pelo universalismo e ausência de preconceitos. O autor, Edilson Pedrosa, baseou-se em sua experiência investigativa e nos seus vastos conhecimentos de teosofia já demonstrados em livro anterior, *Um Olhar sobre a Filosofia Esotérica*, mas manteve como pano de fundo pesquisas de clarividentes altamente qualificados, como Geoffrey Hodson e C. Jinarajadasa, que perscrutaram por si mesmos o mundo oculto e o descreveram com narrativas instigantes.

O leitor deve estar ciente de que não se trata de um livro sobre magia prática, sendo antes a fundamentação teórica da existência, descrição e classificação dos mais conhecidos seres dos planos acima do material. Desse modo, este trabalho vem completar o conhecimento que devemos ter de nós mesmos e do mundo que nos cerca. Por seu intermédio, poderemos ter uma visão mais aprofundada a respeito de diversos moradores de grande elevação espiritual situados além do mundo material, ainda que umbilicalmente ligados à Terra, como os anjos e os nirmanakayas, bem como dos elementais: fadas, gnomos, duendes e de outros espíritos da natureza, bons ou maus.

Com a edição de mais esta obra, a Editora do Conhecimento, que já conta com um catálogo considerável de obras teosóficas, vem ampliar a disponibilidade ao público de livros do gênero, publicados em seu selo "Teosofia – a Força da Verdade".

Um Olhar Sobre a Filosofia Esotérica

EDILSON ALMEIDA PEDROSA

14x21cm, 912 p.

Sob inspiração dos mestres de sabedoria, Helena Blavatsky transmitiu ao mundo um colossal acervo de obras literárias fundamentais sobre a teosofia. Seus livros são a essência do pensamento esotérico mundial no que diz respeito ao surgimento e à evolução do Universo e da humanidade. A magnitude e complexidade de sua volumosa obra, eivada muitas vezes de vários conceitos intrincados, dificulta o acesso e a pronta compreensão do leitor que não está familiarizado com o assunto, limitando a atratividade de suas obras e afastando novos leitores. Para sanar tal dificuldade, este livro, ***Um Olhar sobre a Filosofia Esotérica,*** compacta, de maneira simplificada e organizada, praticamente todos os conceitos e temas importantes abordados naquela monumental obra, atualizando-os e comentando-os, de forma a colocar ao alcance de todos os leitores os mais importantes conceitos da filosofia esotérica expostos nos grandes clássicos do ocultismo.

Ainda que seja uma reflexão crítica mais generalizada daquela magna ciência, esta nova obra facilita a compreensão da estreita relação que o ocultismo mantém com os principais ramos do conhecimento humano, especialmente com as ciências da natureza, a quem a teosofia dá vida, instigando novas pesquisas. E ainda há uma rigorosa análise da simbologia das religiões e filosofias mundiais, com ênfase na visão esotérica do cristianismo e discussões sobre as suas doutrinas e mitos que são de difícil aceitação quando examinados ao pé da letra.

LUZES DA TEOSOFIA - VOL. 2
foi confeccionado em impressão digital, em abril de 2018
Conhecimento Editorial Ltda
(19) 3451-5440 — conhecimento@edconhecimento.com.br
Impresso em Super Snowbright_b 70g. - Hellefoss AG